EUROPA LEHRMITTEL

EUROPA-FACHBUCHREIHE
für Metallberufe

W0291500

Formeln Metallbau Konstruktionsmechanik

Bearbeiter

Bulling, Gerhard	Studiendirektor	München
Dillinger, Josef	Studiendirektor i. R.	München
Heringer, Stefanie	Oberfachlehrerin	Schechen
Schindlbeck, Harald	Oberstudienrat	Altheim
Weingartner, Alfred	Studiendirektor i. R.	München

Lektorat und Leitung des Arbeitskreises
Alfred Weingartner, München

Bildbearbeitung:
Zeichenbüro des Verlages Europa-Lehrmittel GmbH & Co. KG, Ostfildern

7. Auflage 2020
Druck 5 4 3 2 1
Alle Drucke derselben Auflage sind parallel einsetzbar, da sie bis auf die Behebung von Druckfehlern untereinander unverändert sind.

http://www.europa-lehrmittel.de

Satz: Satz+Layout Werkstatt Kluth GmbH, 50374 Erftstadt
Umschlag: braunwerbeagentur, 42477 Radevormwald
Umschlagfoto: Eislaufhalle im Olympiapark München
Druck: mediaprint solutions GmbH, 33100 Paderborn

Europa-Nr.: 16313 ISBN 978-3-8085-1639-3

VERLAG EUROPA-LEHRMITTEL · Nourney, Vollmer GmbH & Co. KG
Düsselberger Straße 23 · 42781 Haan-Gruiten

Inhaltsverzeichnis

Grundrechnungsarten

Addition, Subtraktion, Multiplikation und Division zählen zu den Grundrechnungsarten. Man unterscheidet dabei zwischen den beiden Gruppen Strich- und Punktrechnung.

Rechnungsart	Rechnungsvorgang	Rechenzeichen	Ergebnis	Gruppe
Addition Subtraktion	addieren subtrahieren	+ plus – minus	Summe Differenz	Strichrechnung
Multiplikation Division	multiplizieren dividieren	· mal : geteilt	Produkt Quotient	Punkrechnung

Strichrechnungen

Bei Strichrechnungen handelt es sich um Summierungen, d. h. Additionen und Subtraktionen.

Regel	Zahlenbeispiel	Algebraisches Beispiel
Nur Zahlen mit gleichen Variablen können summiert werden.	–	$18a + a - 3a + 2b$ $= 16a + 2b$
Zahlen und Buchstaben können vertauscht werden (Kommutativgesetz).	$3 - 9 + 7 = 7 + 3 - 9$ $= -9 + 3 + 7 = -9 + 7 + 3$	$a - b + c = a + c - b$ $= -b + a + c = c + a - b$
Einzelne Glieder können zu Teilsummen zusammengefasst werden (Assoziativgesetz).	$3 + 7 - 9 = (3 + 7) - 9$	$a + b - c = (a + b) - c$

Klammern

Regel	Zahlenbeispiel	Algebraisches Beispiel
Klammern, vor denen ein Pluszeichen steht, können weggelassen werden. Die Vorzeichen der Glieder bleiben dann unverändert.	$16 + (9 - 5)$ $= 16 + 9 - 5$ $= 20$	$a + (b - c)$ $= a + b - c$
Klammern, vor denen ein Minuszeichen steht, können nur aufgelöst (weggelassen) werden, wenn alle Glieder in der Klammer entgegengesetzte Vorzeichen erhalten.	$16 - (9 - 5)$ $= 16 - 9 + 5$ $= 12$	$a - (b - c)$ $= a - b + c$

Punktrechnungen

Punktrechnungen sind Multiplikationen und Divisionen.

Regel	Zahlenbeispiel	Algebraisches Beispiel
Faktor · Faktor = Produkt	$2 \cdot 5 = 10$	$x \cdot y = z$
Faktoren dürfen vertauscht werden (Kommutativgesetz).	$3 \cdot 4 \cdot 5 = 4 \cdot 3 \cdot 5$ $= 5 \cdot 3 \cdot 4 = 5 \cdot 4 \cdot 3$	$a \cdot b \cdot c = b \cdot a \cdot c$ $= c \cdot b \cdot a = c \cdot a \cdot b$
Einzelne Faktoren dürfen zu Teilprodukten zusammengefasst werden (Assoziativgesetz).	$3 \cdot 4 \cdot 5 = (3 \cdot 4) \cdot 5$ $= 3 \cdot (4 \cdot 5)$	$a \cdot b \cdot c = (a \cdot b) \cdot c$ $= a \cdot (b \cdot c)$
Haben 2 Faktoren gleiche Vorzeichen, so wird das Produkt (Ergebnis) positiv. + **mal** + = + ; – **mal** – = +	$2 \cdot 5 = 10$ $(-2) \cdot (-5) = 10$	$a \cdot x = ax$ $(-a) \cdot (-x) = ax$

Grundrechnungsarten

Punktrechnungen

Punktrechnungen sind Multiplikationen und Divisionen.

Regel	Zahlenbeispiel	Algebraisches Beispiel
Haben 2 Faktoren verschiedene Vorzeichen, so wird das Produkt (Ergebnis) negativ. **+ mal** – = –; – **mal** + = –	3 · (– 8) = – 24 (– 3) · 8 = – 24	· (–) = – (–) · = –
Ein Klammerausdruck wird mit einem Faktor multipliziert indem man jedes Glied der Klammer mit dem Faktor multipliziert. Man kann auch zuerst den Inhalt der Klammer berechnen und danach das Ergebnis mit dem Faktor multiplizieren.	7 · (4 + 8) = 7 · 4 + 7 · 8 = 84 oder 7 · (4 + 8) = 7 · 12 = 84	· (+ 2) = + 2= 3 oder · (+ 2) = · 3 = 3
Ein Klammerausdruck wird mit einem Klammerausdruck multipliziert indem man jedes Glied der einen Klammer mit jedem Glied der anderen Klammer multipliziert. Bei Zahlen können auch erst die Klammerausdrücke berechnet und danach hieraus das Produkt gebildet werden.	(3 + 5) · (10 – 7) = 3 · 10 + 3 · (– 7) + + 5 · 10 + 5 · (– 7) = 30 – 21 + 50 – 35 = 24 oder (3 + 5) · (10 – 7) = 8 · 3 = 24	(+) · (–) = – + – (+ 2) · (+) = 3 · (+) = 3 + 3

Gemischte Punkte- und Strichrechnungen

Regel	Zahlenbeispiel	Algebraisches Beispiel
Punktrechnungen müssen vor Strichrechnungen gelöst werden.	8 · 4 – 18 · 3 = 32 – 54 = – 22	4 · – · 3 = 4 – 3
	$\frac{16}{4}+\frac{20}{5}-\frac{18}{3}$ = 4 + 4 – 6 = 2	$\frac{16}{4}-\frac{3}{\ }+\frac{6}{2}$ = 4 – 3 + 3 = 4
Sind in einer gemischten Punkt- und Strichrechnung auch Klammerausdrücke vorhanden, so werden, wenn möglich, zuerst die Klammern berechnet. Danach wird die Punkt- und dann die Strichrechnung durchgeführt.	8 · (3 – 2) + 4 · (16 – 5) = 8 · 1 + 4 · 11 = 8 + 44 = 52	· (3 – 5) – · (12 – 2) = · (– 2) – · 10= – 2 – 10

Potenzen

Zehnerpotenzen

Schreibweise als			Schreibweise als		
ausgeschriebene Zahl	Zehnerpotenz	Vorsatz bei Einheiten	ausgeschriebene Zahl	Zehnerpotenz	Vorsatz bei Einheiten
1 000 000	10^6	Mega (M)	1	10^0	–
100 000	10^5	–	0,1	10^{-1}	deci (d)
10 000	10^4	–	0,01	10^{-2}	centi (c)
1 000	10^3	kilo (k)	0,001	10^{-3}	milli (m)
100	10^2	hekto (h)	0,000 1	10^{-4}	–
10	10^1	deka (da)	0,000 01	10^{-5}	–
1	10^0	–	0,000 001	10^{-6}	mikro (μ)

Grundrechnungsarten

Potenzieren

Regel	Zahlenbeispiel	Algebraische Beispiele	
Potenzen dürfen nur dann addiert oder subtrahiert werden, wenn sie sowohl denselben Exponenten als auch dieselbe Basis haben.	$2 \cdot 5^2 + 4 \cdot 5^2 =$ $= 5^2 (2 + 4) = 6 \cdot 5^2$ $\frac{2}{3^2} - \frac{1}{3^2} + \frac{1}{3^2} = 3^{-2}$	$a^3 + a^3 = 2a^3$ $\frac{7}{d^n} - \frac{4}{d^n} = \frac{3}{d^n} = 3 \cdot d^{-n}$	$ax^n + bx^n$ $= x^n (a + b)$ $\frac{a}{x^n} = ax^{-n}$
Potenzen mit gleicher Basis werden multipliziert, indem man die Exponenten addiert und die Basis beibehält.	$3^2 \cdot 3^3 = 3 \cdot 3 \cdot 3 \cdot 3 \cdot 3$ $= 3^5$ oder: $3^2 \cdot 3^3 = 3^{(2+3)} = 3^5$	$x^4 \cdot x^2 = x \cdot x \cdot x \cdot x \cdot x \cdot x$ $= x^6$ oder $x^4 \cdot x^2 = x^{(4+2)} = x^6$	$x^m \cdot x^n = x^{m+n}$
Potenzen mit gleichen Exponenten werden multipliziert, indem man ihre Basen multipliziert und den Exponenten beibehält.	$4^2 \cdot 6^2 = (4 \cdot 6)^2 = 24^2$ $= 576$	$6\,x^2 \cdot 3\,y^2 = 18\,x^2 \cdot y^2$ $= 18\,(x \cdot y)^2$	$x^n \cdot y^n = (xy)^n$
Potenzen mit gleicher Basis werden dividiert, indem man ihre Exponenten subtrahiert und die Basis beibehält.	$\frac{4^3}{4^2} = \frac{4 \cdot 4 \cdot 4}{4 \cdot 4} = 4$ oder: $4^3 \cdot 4^{-2} = 4^{3-2} = 4^1 = 4$	$\frac{m^3}{m^2} = \frac{m \cdot m \cdot m}{m \cdot m} = m$ oder: $m^3 \cdot m^{-2} = m^{3-2} = m^1 = m$	$\frac{x^m}{x^n} = x^{m-n}$
Potenzen mit gleichem Exponenten werden dividiert, indem man ihre Basen dividiert und den Exponenten beibehält.	$\frac{15^2}{3^2} = \left(\frac{15}{3}\right)^2 = 5^2$ $= 25$	$\frac{a^3}{b^3} = \left(\frac{a}{b}\right)^3$	$\frac{a^n}{b^n} = \left(\frac{a}{b}\right)^n$
Jede Potenz mit dem Exponenten Null hat den Wert 1.	$\frac{10^4}{10^4} = 10^{4-4} = 10^0 = 1$	$(m + n)^0 = 1$	$a^0 = 1$

Wurzelziehen

Regel	Zahlenbeispiel	Algebraische Beispiele	
Wurzeln dürfen nur dann addiert oder subtrahiert werden, wenn sie gleiche Exponenten und Radikanden haben. Man addiert (subtrahiert) die Faktoren und behält die Wurzel bei.	$2\sqrt{6} + 3\sqrt{6}$ $= (2 + 3)\sqrt{6}$ $= 5\sqrt{6}$	$8\sqrt{m} - 3\sqrt{m}$ $= (8 - 3)\sqrt{m}$ $= 5\sqrt{m}$	$a\sqrt{m} + b\sqrt{m}$ $= (a + b)\sqrt{m}$
Ist der Radikand ein Produkt, so kann die Wurzel entweder aus dem Produkt oder aus jedem einzelnen Faktor gezogen werden.	$\sqrt{9 \cdot 16} = \sqrt{144} = 12$ oder $\sqrt{9 \cdot 16} = \sqrt{9} \cdot \sqrt{16}$ $= 3 \cdot 4 = 12$	$\sqrt[3]{a \cdot b} = \sqrt[3]{a} \cdot \sqrt[3]{b}$	$\sqrt[n]{ab} = \sqrt[n]{a} \cdot \sqrt[n]{b}$
Ist der Radikand eine Summe oder eine Differenz, so kann nur aus dem Ergebnis die Wurzel gezogen werden.	$\sqrt{9 + 16} = \sqrt{25} = 5$ $\sqrt{5^2 - 4^2} = \sqrt{25 - 16}$ $= \sqrt{9} = 3$	$\sqrt[3]{a - b} = \sqrt[3]{(a - b)}$	$\sqrt[n]{a - b} = \sqrt[n]{(a - b)}$
Ist der Radikand ein Quotient (Bruch), so kann die Wurzel aus dem Quotienten oder aus Zähler und Nenner getrennt gezogen werden.	$\sqrt{\frac{9}{25}} = \sqrt{0{,}36} = 0{,}6$ oder $\sqrt{\frac{9}{25}} = \frac{\sqrt{9}}{\sqrt{25}} = \frac{3}{5} = 0{,}6$	$\sqrt[4]{\frac{a}{b}} = \frac{\sqrt[4]{a}}{\sqrt[4]{b}}$	$\sqrt[n]{\frac{a}{b}} = \frac{\sqrt[n]{a}}{\sqrt[n]{b}}$

Umrechnung von Einheiten

Länge

1 m = 10 dm = 100 cm = 1 000 mm

m → dm → cm → mm: 1 Stelle, 1 Stelle, 1 Stelle

1 m = 10^1 dm = 10^2 cm = 10^3 mm

> 10 kleine Einheiten geben die nächst größere Einheit. Bei den Längenmaßen ist die Umrechnungszahl 10.

Bei Umrechnung der Längenmaße rückt das Komma von Einheit zu Einheit um *eine* Stelle.

Fläche

1 m^2 = 100 dm^2 = 10 000 cm^2 = 1 000 000 mm^2

m^2 → dm^2 → cm^2 → mm^2: 2 Stellen, 2 Stellen, 2 Stellen

1 m^2 = 10^2 dm^2 = 10^4 cm^2 = 10^6 mm^2

> 100 kleine Einheiten geben die nächst größere Einheit. Bei den Flächenmaßen ist die Umrechnungszahl 100.

Bei Umrechnung der Flächenmaße rückt das Komma von Einheit zu Einheit um *zwei* Stellen.

Volumen

1 m^3 = 1 000 dm^3 = 1 000 000 cm^3
= 1 000 000 000 mm^3

m^3 → dm^3 → cm^3 → mm^3: 3 Stellen, 3 Stellen, 3 Stellen

1 m^3 = 10^3 dm^3 = 10^6 cm^3 = 10^9 mm^3

> 1 000 kleine Einheiten geben die nächst größere Einheit. Bei den Volumenmaßen ist die Umrechnungszahl 1 000.

Bei Umrechnung der Volumenmaße rückt das Komma von Einheit zu Einheit um *drei* Stellen.

Masse

1 t = 1 000 kg = 1 000 000 g = 1 000 000 000 mg

t → kg → g → mg: 3 Stellen, 3 Stellen, 3 Stellen

1 t = 10^3 kg = 10^6 g = 10^9 mg

> 1 000 kleine Einheiten geben die nächst größere Einheit. Bei den Massen ist die Umrechnungszahl 1 000.

Bei Umrechnung der Masse rückt das Komma von Einheit zu Einheit um *drei* Stellen.

Hohlmaß

Den Inhalt von Gefäßen misst man in Litern.
1 l = 1 dm^3 1 dl = 0,1 dm^3 1 cl = 0,01 dm^3
1 ml = 0,01 dm^3 = 1 cm^3

Kraft

1 MN = 1 000 kN = 1 000 000 N = 1 000 000 000 mN
1 MN = 10^3 kN = 10^6 N = 10^9 mN

Umrechnung von Zollmaßen

1 Inch = 1 Zoll = 25,4 mm; 1 mm = $\frac{1}{25,4}$ inch

1 foot = 12 inches = 304,8 mm; 1 m = 39,37 inches = 3,28 feet

Vergrößernde Vorsätze

Vorsatz	Bedeutung	Beispiel
da = Deka-	10-fach	1 daN = 10 N
h = Hekto-	100-fach	1 hl = 100 l
k = Kilo-	1 000-fach	1 kW = 1 000 W
M = Mega-	1 000 000-fach	1 MN = 1 000 000 N

Verkleinernde Vorsätze

Vorsatz	Bedeutung	Beispiel
d = Dezi-	10tel	1 dm = 1/10 m
c = Zenti-	100stel	1 cm = 1/100 m
m = Milli-	1 000stel	1 mV = 1/1 000 V
µ = Mikro-	1 000 000stel	1 µm = 1/1 000 000 m = 0,001 mm

Winkelfunktionen

Winkelfunktionen im rechtwinkligen Dreieck

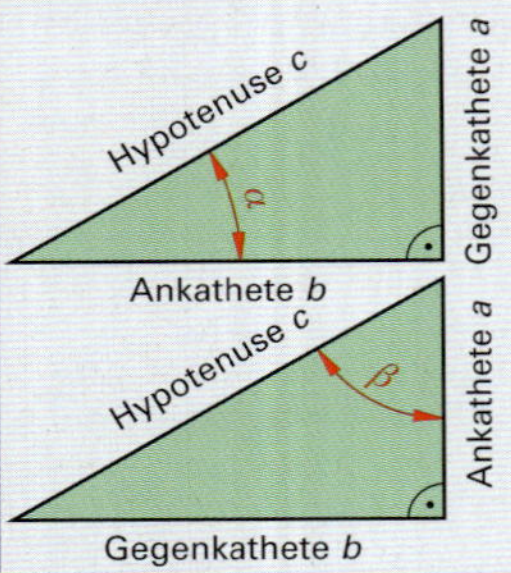

a	Gegenkathete zu ∢ α Ankathete zu ∢ β
b	Ankathete zu ∢ α Gegenkathete zu ∢ β
c	Hypotenuse
⊿	rechter Winkel

Funktionswerte aus Tabellen

für ∢ α	für ∢ β
$\sin\alpha = \frac{a}{c}$	$\sin\beta = \frac{b}{c}$
$\cos\alpha = \frac{b}{c}$	$\cos\beta = \frac{a}{c}$
$\tan\alpha = \frac{a}{b}$	$\tan\beta = \frac{b}{a}$
$\cot\alpha = \frac{b}{a}$	$\cot\beta = \frac{a}{b}$

Funktionswerte für ausgewählte Winkel

	0°	30°	45°	60°	90°	180°	270°	360°
sin	0	$\frac{1}{2} = 0{,}5000$	$\frac{1}{2}\cdot\sqrt{2} = 0{,}7071$	$\frac{1}{2}\cdot\sqrt{3} = 0{,}8660$	1	0	– 1	0
cos	1	$\frac{1}{2}\cdot\sqrt{3} = 0{,}8660$	$\frac{1}{2}\cdot\sqrt{2} = 0{,}7071$	$\frac{1}{2} = 0{,}5000$	0	– 1	0	1
tan	0	$\frac{1}{3}\cdot\sqrt{3} = 0{,}5774$	1	$\sqrt{3} = 1{,}7321$	∞	0	∞	0
cot	∞	$\sqrt{3} = 1{,}7321$	1	$\frac{1}{3}\cdot\sqrt{3} = 0{,}5771$	0	∞	0	∞

Winkelfunktionen im schiefwinkligen Dreieck

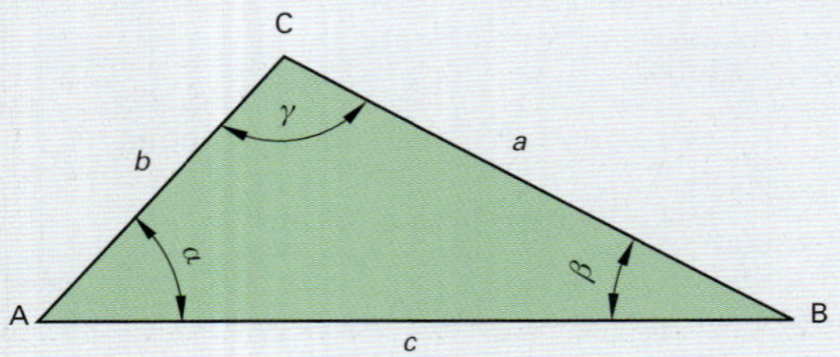

Sinussatz

$$a : b : c = \sin\alpha : \sin\beta : \sin\gamma$$

$$\frac{a}{\sin\alpha} = \frac{b}{\sin\beta} = \frac{c}{\sin\gamma}$$

Cosinussatz

$$a^2 = b^2 + c^2 - 2\cdot b\cdot c\cdot\cos\alpha$$

$$b^2 = a^2 + c^2 - 2\cdot a\cdot c\cdot\cos\beta$$

$$c^2 = a^2 + b^2 - 2\cdot a\cdot b\cdot\cos\gamma$$

Anwendung von Sinus- und Cosinussatz

Seitenberechnung	Winkelberechnung		Flächen-berechnung
$a = \frac{b\cdot\sin\alpha}{\sin\beta} = \frac{c\cdot\sin\alpha}{\sin\gamma}$	$\sin\alpha = \frac{a\cdot\sin\beta}{b} = \frac{a\cdot\sin\gamma}{c}$	$\cos\alpha = \frac{b^2 + c^2 - a^2}{2\cdot b\cdot c}$	$A = \frac{a\cdot b\cdot\sin\gamma}{2}$
$b = \frac{a\cdot\sin\beta}{\sin\alpha} = \frac{c\cdot\sin\beta}{\sin\gamma}$	$\sin\beta = \frac{b\cdot\sin\alpha}{a} = \frac{b\cdot\sin\gamma}{c}$	$\cos\beta = \frac{a^2 + c^2 - b^2}{2\cdot a\cdot c}$	$A = \frac{b\cdot c\cdot\sin\alpha}{2}$
$c = \frac{a\cdot\sin\gamma}{\sin\alpha} = \frac{b\cdot\sin\gamma}{\sin\beta}$	$\sin\gamma = \frac{c\cdot\sin\alpha}{a} = \frac{c\cdot\sin\beta}{b}$	$\cos\gamma = \frac{a^2 + b^2 - c^2}{2\cdot a\cdot b}$	$A = \frac{a\cdot c\cdot\sin\beta}{2}$

Winkel, Strahlensatz, Mischungs-, Prozent-, Zinsrechnung

Winkelarten

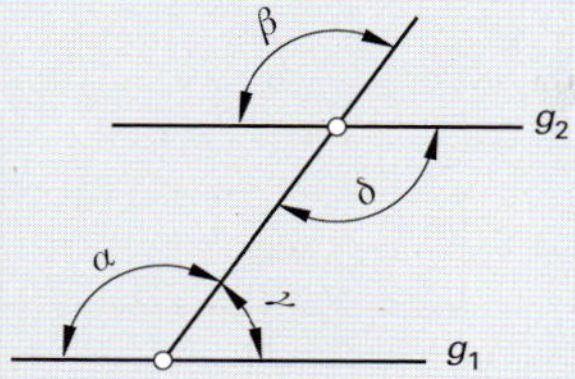

Werden zwei Parellelen durch eine Gerade geschnitten, so bestehen für die dabei gebildeten Winkel geometrische Zusammenhänge.

Stufenwinkel sind gleich groß. $\alpha = \beta$

Scheitelwinkel sind gleich groß. $\beta = \delta$

Wechselwinkel sind gleich groß. $\alpha = \delta$

Nebenwinkel ergänzen sich zu 180°. $\alpha + \gamma = 180°$

Winkelsumme im Dreieck

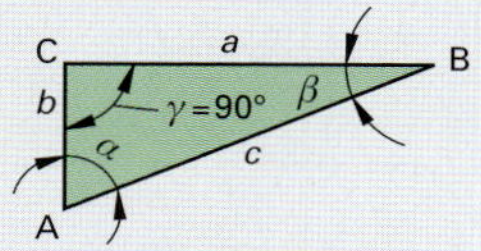

In jedem Dreieck ist die Summe der Innenwinkel gleich 180°.

$$\alpha + \beta + \gamma = 180°$$

Im rechtwinkligen Dreieck ist $\gamma = 90°$, die Winkel α und β ergänzen sich zu 90°.

$$\alpha + \beta = 90°$$

Strahlensatz

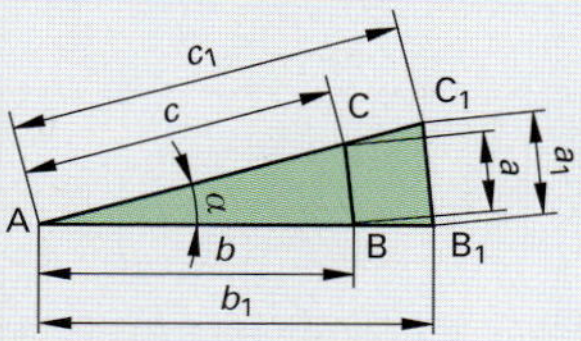

Werden zwei von einem Punkt ausgehende Strahlen von zwei Parallelen geschnitten, bilden die Abschnitte der Parallelen und die zugehörigen Strahlenabschnitte gleiche Verhältnisse.

$$\frac{a}{a_1} = \frac{b}{b_1} = \frac{c}{c_1}$$

$$\frac{a}{b} = \frac{a_1}{b_1} \qquad \frac{b}{c} = \frac{b_1}{c_1}$$

Mischungsrechnung

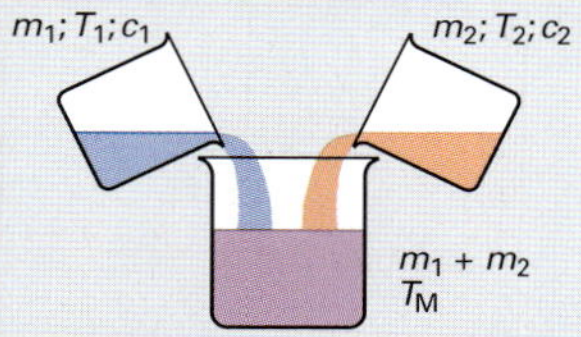

m_1, m_2 Teilmassen
T_1, T_2 Temperaturen der Teilmassen in K
c_1, c_2 spez. Wärmekapazitäten der Teilmassen
T_M Temperatur der Mischung

$$M = \frac{c_1 \cdot m_1 \cdot T_1 + c_2 \cdot m_2 \cdot T_2}{c_1 \cdot m_1 + c_2 \cdot m_2}$$

Prozentrechnung

P_s Prozentsatz
G_w Grundwert
P_w Prozentwert

$$P_w = \frac{G_w \cdot P_s}{100\,\%}$$

Zinsrechnung

z Zinswert
p Zinssatz pro Jahr
k Kapital
t Zeit in Jahren

1 Zinsjahr (1 a) ≙ 360 Tage (d)
≙ 12 Monate
1 Zinsmonat ≙ 30 Tage

$$z = \frac{k \cdot p \cdot t}{100\,\%}$$

Längen

Teilung von Längen

Randabstand = Teilung

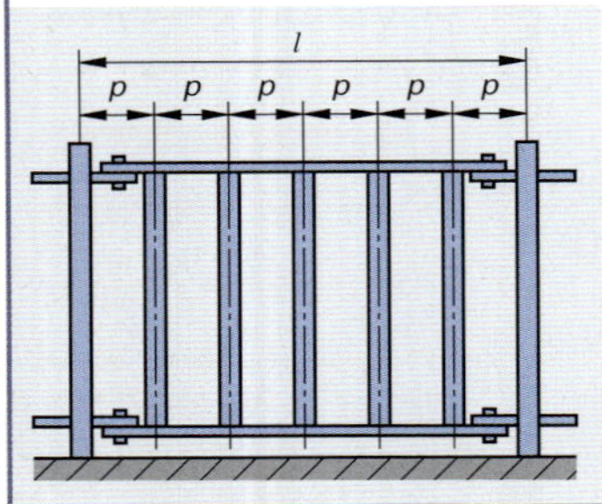

- l Teilungslänge
- p Teilung
- n Anzahl der Bohrungen, Sägeschnitte, …

$$p = \frac{l}{n + 1}$$

Randabstand + Teilung

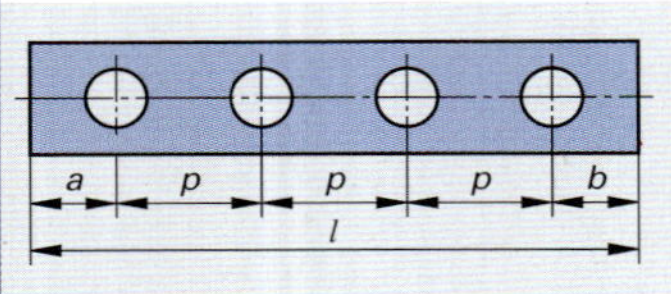

- l Gesamtlänge
- p Teilung
- a, b Randabstand
- n Anzahl der Bohrungen, Sägeschnitte, …

$$p = \frac{l - (a + b)}{n - 1}$$

Trennen von Teilstücken

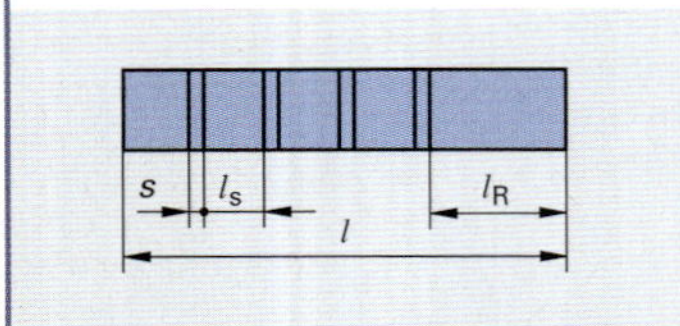

- l Gesamtlänge, Stablänge
- l_s Teillänge beim Trennen
- l_R Restlänge
- s Sägeschnittbreite
- n Anzahl der Teilelemente, z. B. Sägeschnitte, Stäbe, Bohrungen

$$n = \frac{l}{l_s + s}$$

$$l_R = l - (l_s + s) \cdot n$$

Kreisumfänge und Kreisteilungen

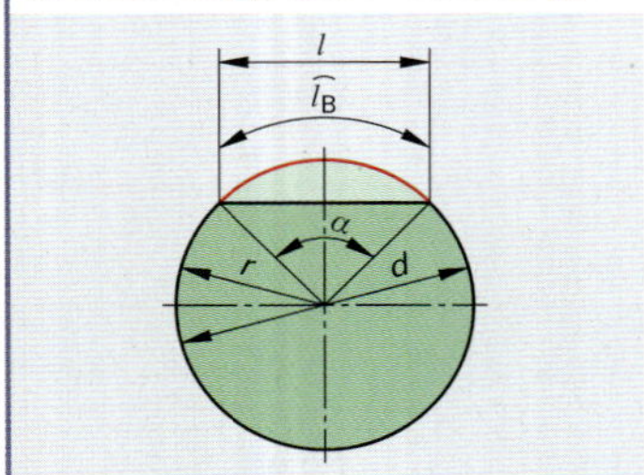

- d Durchmesser
- U Kreisumfang
- r Radius
- α Zentriwinkel
- l Sehnenlänge
- $\widehat{l}_B$ Kreisbogenlänge
- p Teilung
- n Anzahl der Teilelemente, z. B. Sägeschnitte, Stäbe, …

$$U = \pi \cdot d$$

$$p = \frac{U}{n} = \frac{\pi \cdot d}{n}$$

$$\widehat{l}_B = \frac{\pi \cdot d \cdot \alpha}{360°}$$

$$l = 2 \cdot r \cdot \sin \frac{\alpha}{2}$$

Gestreckte und zusammengesetzte Längen

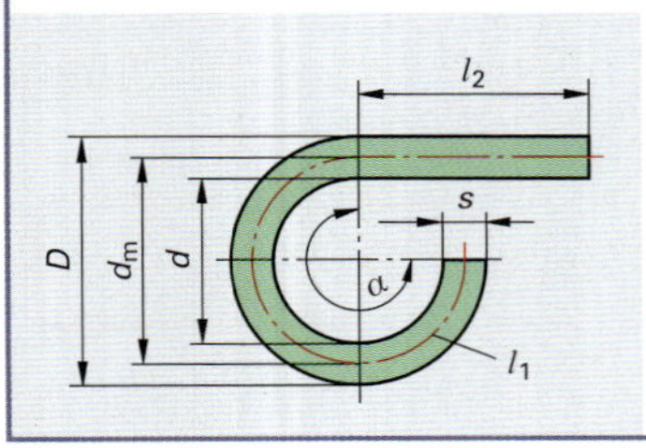

- D Außendurchmesser
- d Innendurchmesser
- d_m mittlerer Durchmesser
- l gestreckte Länge
- l_1, l_2 Teillängen
- L zusammengesetzte Länge
- α Biegewinkel
- s Dicke

$$l = \frac{\pi \cdot d_m \cdot \alpha}{360°}$$

$$d_m = \frac{D + d}{2}$$

$$d_m = d + s$$

$$d_m = D - s$$

$$L = l_1 + l_2 + l_3 + \ ..$$

Berechnungen am rechtwinkligen Dreieck

Lehrsatz des Pythagoras

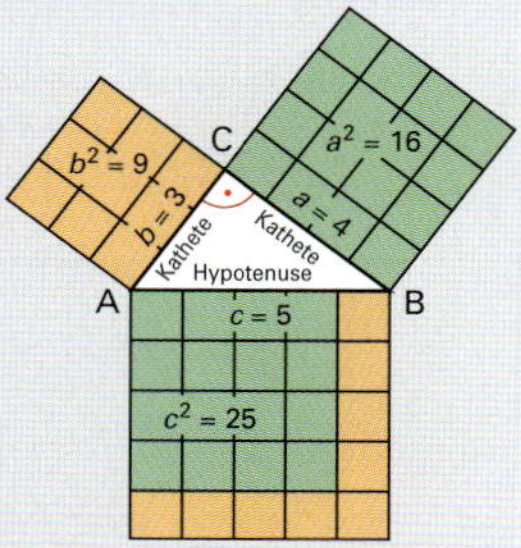

Im **rechtwinkligen Dreieck** ist das Hypotenusenquadrat flächengleich der Summe der beiden Kathetenquadrate.

a Kathete
b Kathete
c Hypotenuse
⊿ rechter Winkel

Im rechtwinkligen Dreieck gilt:

$$c^2 = a^2 + b^2$$

$$a = \sqrt{c^2 - b^2}$$
$$b = \sqrt{c^2 - a^2}$$
$$c = \sqrt{a^2 + b^2}$$

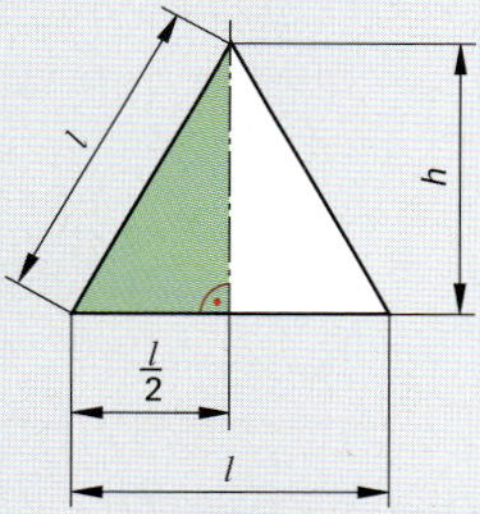

Im **gleichseitigen Dreieck** ergibt sich für die Höhe nach dem Lehrsatz des Pythagoras:

h Höhe
A Fläche
l Seitenlänge

$$h = \frac{1}{2} \cdot \sqrt{3} \cdot l$$

$$A = \frac{1}{4} \cdot \sqrt{3} \cdot l^2$$

Lehrsatz des Euklid (Kathetensatz)

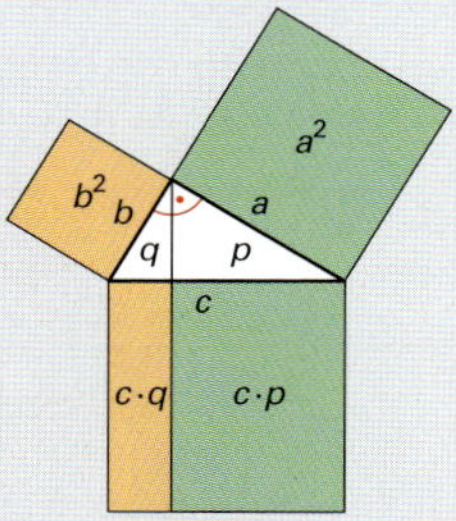

Das Quadrat über einer Kathete ist flächengleich einem Rechteck aus der Hypotenuse und dem anliegenden Hypotenusenabschnitt.

a, b Kathete
p, q Hypotenusenabschnitt
c Hypotenuse

$$a^2 = c \cdot p$$

$$b^2 = c \cdot q$$

Höhensatz

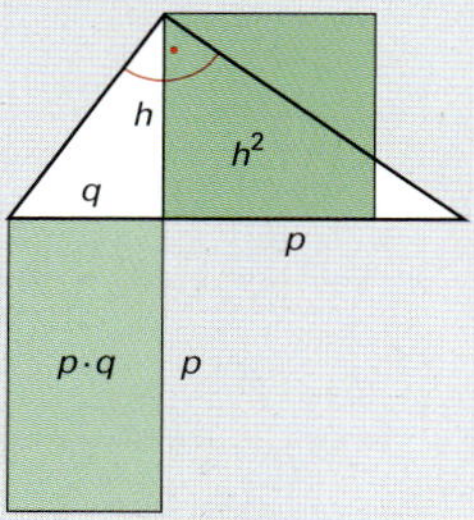

Das Quadrat über der Höhe *h* ist flächengleich dem Rechteck aus den Hypotenusenabschnitten *p* und *q*.

p, q Hypotenusenabschnitt
h Höhe

$$h^2 = p \cdot q$$

Flächen

Quadrat

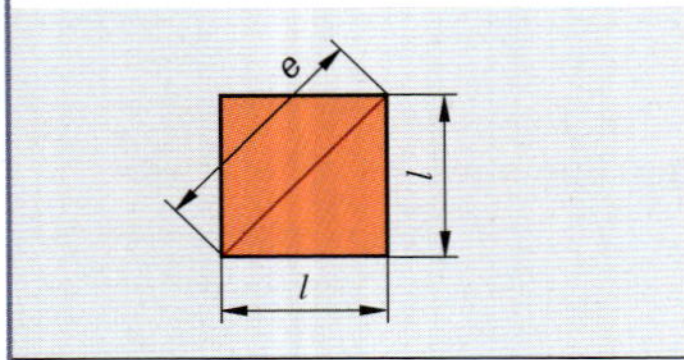

A	Fläche
l	Seitenlänge
e	Eckmaß

$$A = l^2$$

$$e = l \cdot \sqrt{2}$$

Rechteck

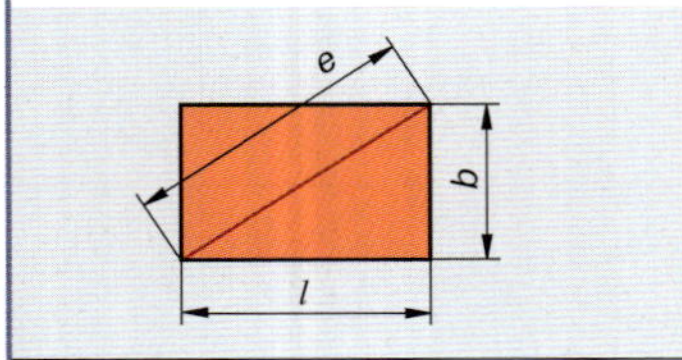

A	Fläche
l	Länge
b	Breite
e	Eckmaß

$$A = l \cdot b$$

$$e = \sqrt{l^2 + b^2}$$

Raute (Rhombus)

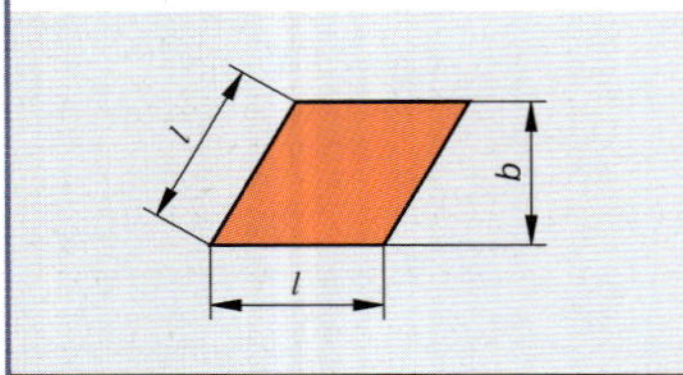

A	Fläche
l	Seitenlänge
b	Breite

$$A = l \cdot b$$

Parallelogramm

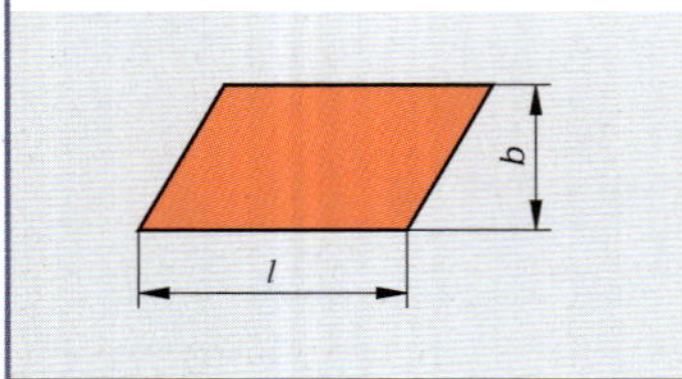

A	Fläche
l	Länge
b	Breite

$$A = l \cdot b$$

Dreieck

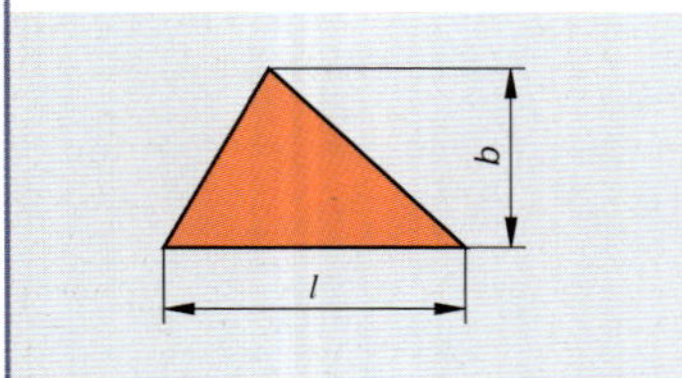

A	Fläche
l	Seitenlänge
b	Breite

$$A = \frac{l \cdot b}{2}$$

Trapez

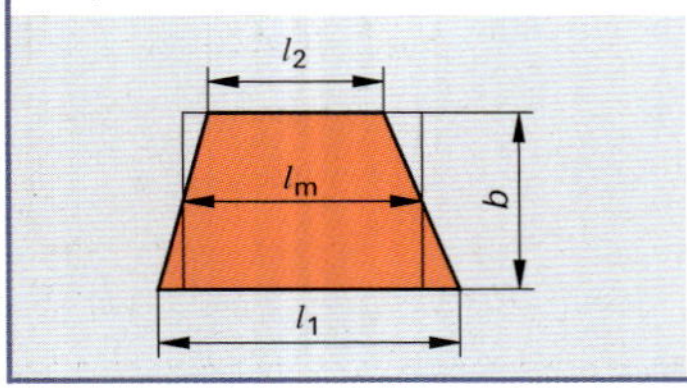

A	Fläche
l_1	große Länge
l_2	kleine Länge
l_m	mittlere Länge
b	Breite

$$A = \frac{l_1 + l_2}{2} \cdot b$$

$$A = l_m \cdot b$$

$$l_m = \frac{l_1 + l_2}{2}$$

Flächen

Unregelmäßiges Vieleck

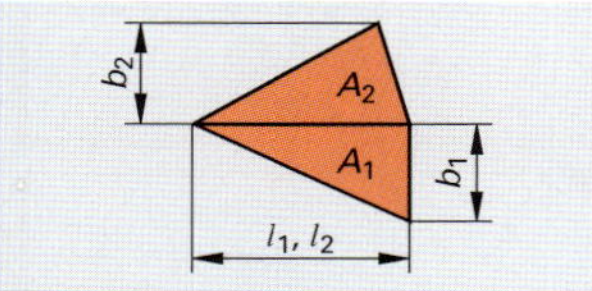

A Gesamtfläche
A_1, A_2 Teilflächen
l_1, l_2 Längen
b_1, b_2 Breiten

$$A = A_1 + A_2 + \ldots$$

Regelmäßiges Vieleck

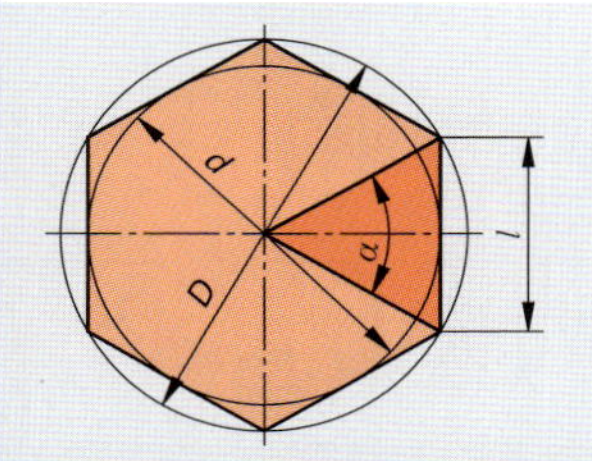

A Fläche
l Seitenlänge
D Umkreisdurchmesser
d Inkreisdurchmesser
n Eckenzahl
α Mittelpunktswinkel

Im regelmäßigen Sechseck ist:
$A \approx 0{,}649 \cdot D^2 \approx 0{,}866 \cdot d^2$; $D \approx 1{,}155 \cdot d$

$$A = \frac{n \cdot l \cdot d}{4}$$

$$l = D \cdot \sin\left(\frac{180°}{n}\right)$$

$$d = \sqrt{D^2 - l^2}$$

$$D = \sqrt{d^2 + l^2}$$

Berechnung regelmäßiger Vielecke mithilfe der Tabelle

Ecken-zahl	Fläche $A \approx$			Umkreisdurch-messer $D \approx$		Inkreisdurch-messer $d \approx$		Seitenlänge $l \approx$	
n	D^2 mal	d^2 mal	l^2 mal	l mal	d mal	l mal	D mal	D mal	d mal
3	0,325	1,299	0,433	1,154	2,000	0,578	0,500	0,867	1,732
4	0,500	1,000	1,000	1,414	1,414	1,000	0,707	0,707	1,000
5	0,595	0,908	1,721	1,702	1,236	1,376	0,809	0,588	0,727
6	0,649	0,866	2,598	2,000	1,155	1,732	0,866	0,500	0,577
8	0,707	0,829	4,828	2,614	1,082	2,414	0,924	0,383	0,414
10	0,735	0,812	7,694	3,236	1,052	3,078	0,951	0,309	0,325
12	0,750	0,804	11,196	3,864	1,035	3,732	0,966	0,259	0,268

Kreis

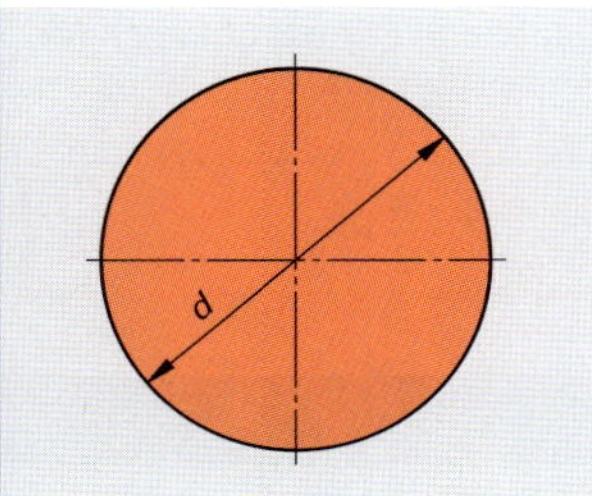

A Kreis
d Durchmesser
U Umfang

$$A = \frac{\pi \cdot d^2}{4}$$

$$A \approx 0{,}785 \cdot d^2$$

$$U = \pi \cdot d$$

$$d = \sqrt{\frac{4 \cdot A}{\pi}}$$

Kreisring

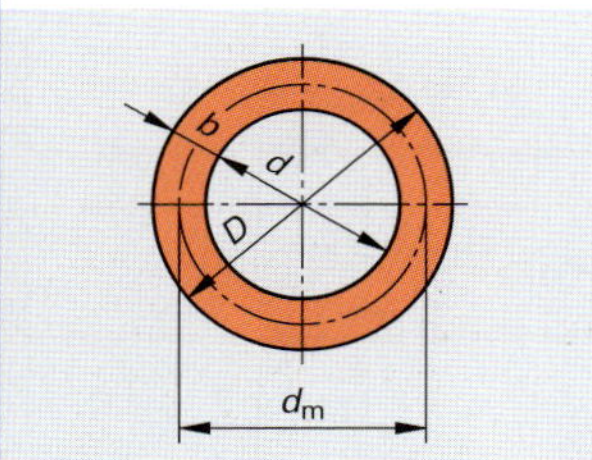

A Fläche
D Außendurchmesser
d Innendurchmesser
d_m mittlerer Durchmesser
b Breite

$$A = \frac{\pi \cdot D^2}{4} - \frac{\pi \cdot d^2}{4}$$

$$A = \frac{\pi}{4} \cdot (D^2 - d^2)$$

$$A = \pi \cdot d_m \cdot b$$

$$d_m \frac{D + d}{2} \qquad b = \frac{D - d}{2}$$

Flächen

Kreisausschnitt

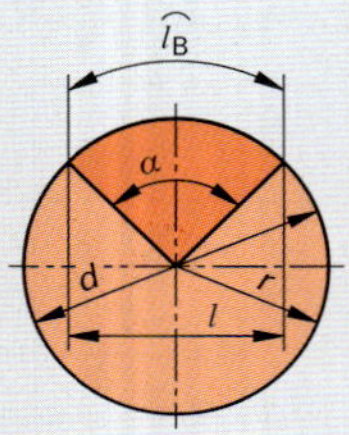

A Fläche
d Durchmesser
r Radius
l Sehnenlänge
$\widehat{l}_B$ Bogenlänge
α Mittelpunktswinkel

$$A = \frac{\widehat{l}_B \cdot r}{2}$$

$$A = \frac{\pi \cdot d^2}{4} \cdot \frac{\alpha}{360°}$$

$$l = 2 \cdot r \cdot \sin \frac{\alpha}{2}$$

$$\widehat{l}_B = \frac{\pi \cdot r \cdot \alpha}{180°}$$

Kreisabschnitt

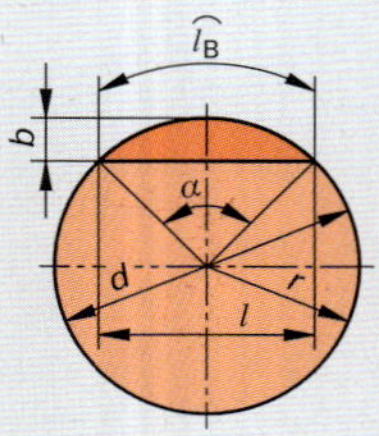

A Fläche
d Durchmesser
r Radius
l Sehnenlänge
$\widehat{l}_B$ Bogenlänge
b Breite
α Mittelpunktswinkel

$$A = \frac{\widehat{l}_B \cdot r - l \cdot (r - b)}{2}$$

$$A = \frac{\pi \cdot d^2}{4} \cdot \frac{\alpha}{360°} - \frac{l \cdot (r - b)}{2}$$

$$b = r \cdot \left(1 - \cos \frac{\alpha}{2}\right)$$

Ellipse

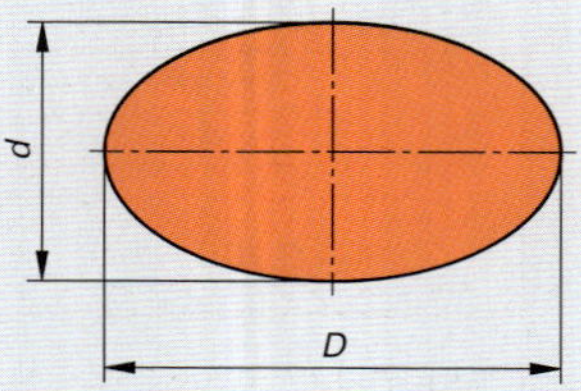

A Fläche
D großer Durchmesser
d kleiner Durchmesser
U Umfang

$$A = \frac{\pi \cdot D \cdot d}{4}$$

Die angegebene Formel gilt auch für Oval und Korbbogen.

$$U \approx \frac{\pi}{2} (D + d)$$

Verschnitt

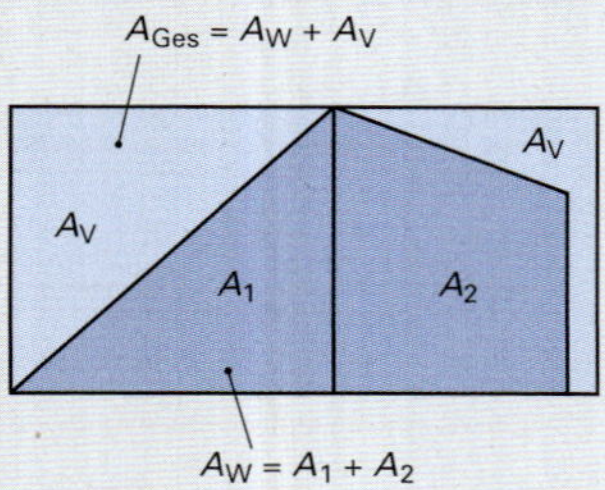

A_{Ges} Fläche des Rohteils, Ausgangsfläche
A_W Fläche des Werkstückes, Abwicklungsfläche
A_V Fläche des Verschnitts, Verschnitt

$$A_V = A_{Ges} - A_W$$

$$A_V = \frac{A_{Ges} - A_W}{A_{Ges}} \cdot 100\,\%$$

Körper, Volumen und Oberfläche

Würfel

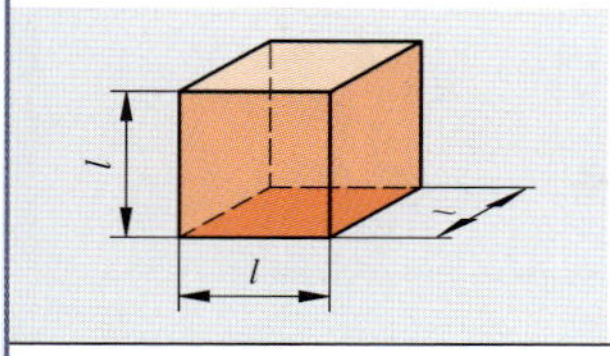

V Volumen
l Seitenlänge
A_O Oberfläche

$$V = l^3$$

$$A_O = 6 \cdot l^2$$

Vierkantprisma

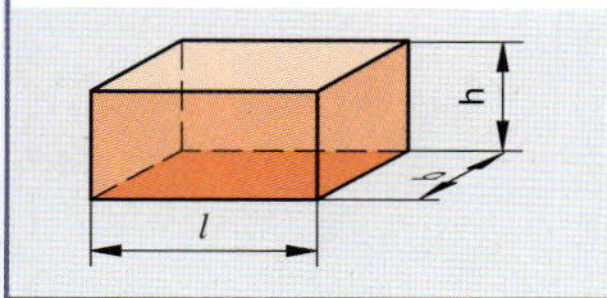

V Volumen
l Seitenlänge
h Höhe
b Breite
A_O Oberfläche

$$V = l \cdot b \cdot h$$

$$A_O = 2 \cdot (l \cdot b + l \cdot h + b \cdot h)$$

Zylinder

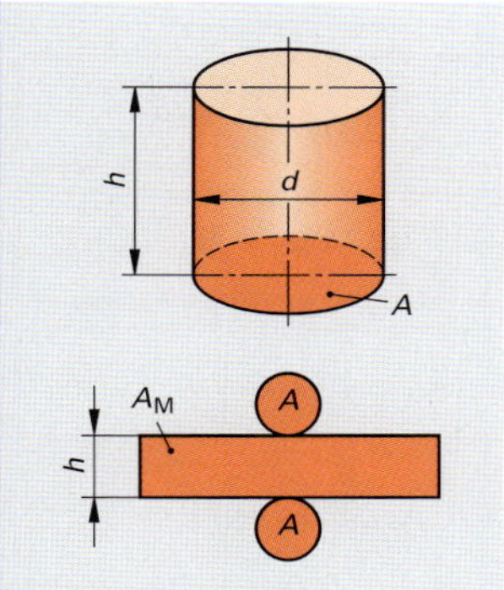

V Volumen
d Durchmesser
h Höhe
A Grundfläche
A_O Oberfläche
A_M Mantelfläche

$$V = \frac{\pi \cdot d^2}{4} \cdot h$$

$$A_O = 2 \cdot A + A_M$$
$$A_O = 2 \cdot \frac{\pi \cdot d^2}{4} + \pi \cdot d \cdot h$$

$$A_M = \pi \cdot d \cdot h$$

Hohlzylinder

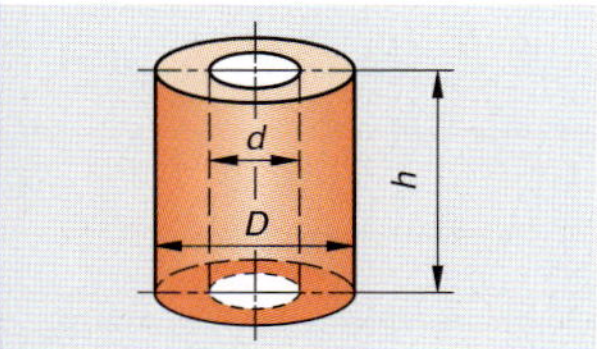

V Volumen
D Außendurchmesser
d Innendurchmesser
h Höhe
A_O Oberfläche

$$V = \frac{\pi \cdot h}{4} \cdot (D^2 - d^2)$$

$$A_O = \pi \cdot (D + d) \cdot \left[\frac{1}{2} \cdot (D - d) + h\right]$$

Pyramide

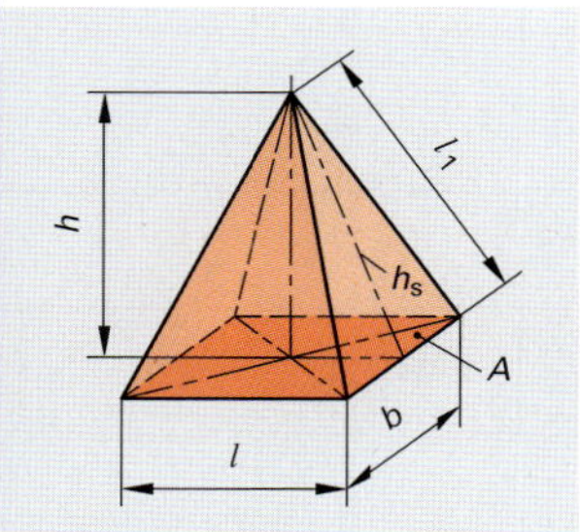

V Volumen
l Seitenlänge
l_1 Kantenlänge
h Höhe
h_s Mantelhöhe
b Breite
A Grundfläche
A_O Oberfläche
A_M Mantelfläche

$$V = \frac{l \cdot b \cdot h}{3}$$

$$h_s = \sqrt{h^2 + \frac{l^2}{4}}$$

$$l_1 = \sqrt{h_s^2 + \frac{b^2}{4}}$$

$$A_O = A + A_M$$

Körper, Volumen und Oberfläche

Kegel

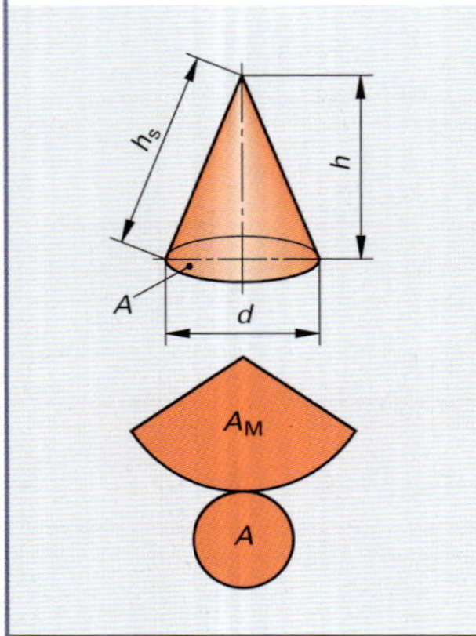

V	Volumen
d	Durchmesser
h	Höhe
h_s	Mantelhöhe
A	Grundfläche
A_M	Mantelfläche
A_O	Oberfläche

$$V = \frac{A \cdot h}{3}$$

$$V = \frac{\pi \cdot d^2}{4} \cdot \frac{h}{3}$$

$$h_s = \sqrt{\frac{d^2}{4} + h^2}$$

$$A_O = A + A_M$$

$$A_M = \frac{\pi \cdot d \cdot h_s}{2}$$

Pyramidenstumpf

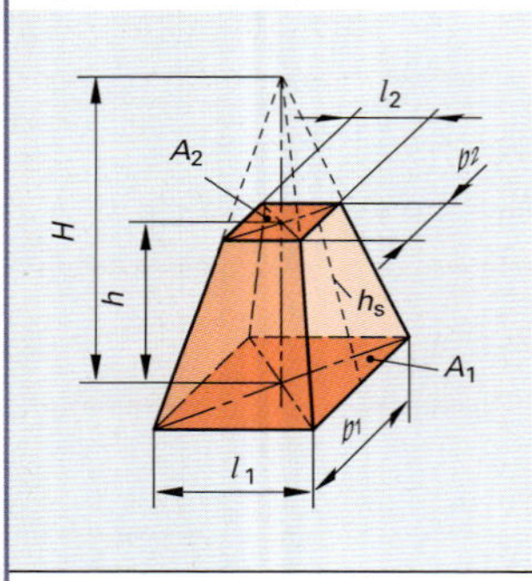

V	Volumen
l_1, l_2	Seitenlänge
b_1, b_2	Breiten
h, H	Höhen
h_s	Mantelhöhe
A_O	Oberfläche
A_1	Grundfläche
A_2	Deckfläche

$$V = \frac{A_1 \cdot H}{3} - \frac{A_2\,(H - h)}{3}$$

$$V = \frac{h}{3} \cdot (A_1 + A_2 + \sqrt{A_1 \cdot A_2})$$

$$A_O = A_M + A_1 + A_2$$

$$h_s = \sqrt{h^2 + \left(\frac{l_1 - l_2}{2}\right)^2}$$

$$A_1 = l_1 \cdot b_1;\ A_2 = l_2 \cdot b_2$$

Kegelstumpf

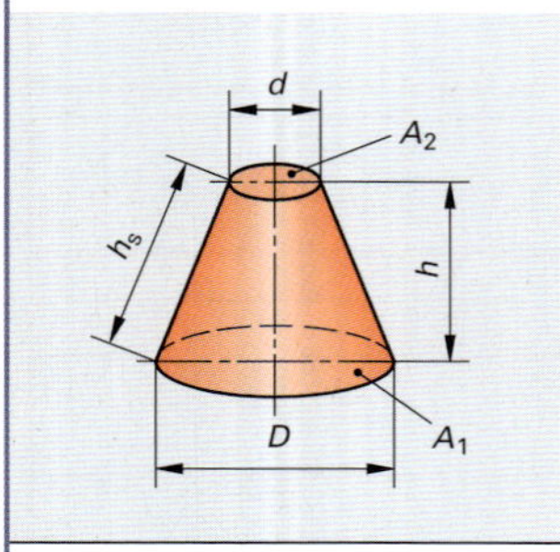

V	Volumen
D	großer Durchmesser
d	kleiner Durchmesser
h	Höhe
h_s	Mantelhöhe
A_O	Oberfläche
A_M	Mantelfläche
A_1	Grundfläche
A_2	Deckfläche

$$V = \frac{\pi \cdot h}{12} \cdot (D^2 + d^2 + D \cdot d)$$

$$A_O = A_1 + A_M + A_2$$

$$A_M = \frac{\pi \cdot h_s}{2} \cdot (D + d)$$

$$h_s = \sqrt{h^2 + \left(\frac{D - d}{2}\right)^2}$$

Ringförmiger Körper

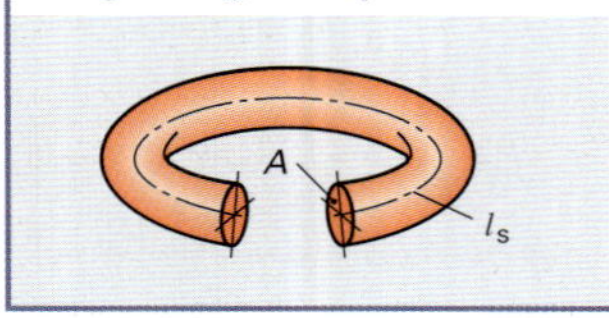

V	Volumen
A	Grundfläche
l_s	Schwerpunktlinie

$$V = A \cdot l_s$$

Körper, Volumen und Oberfläche

Kugel

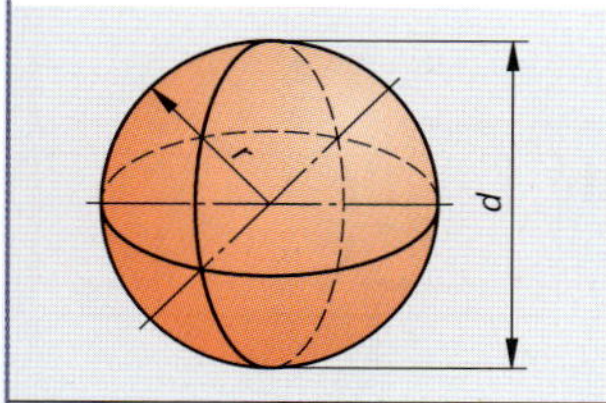

V Volumen
d Kugeldurchmesser
A_O Oberfläche

$$V = \frac{\pi \cdot d^3}{6}$$

$$A_O = \pi \cdot d^2$$

Kugelabschnitt

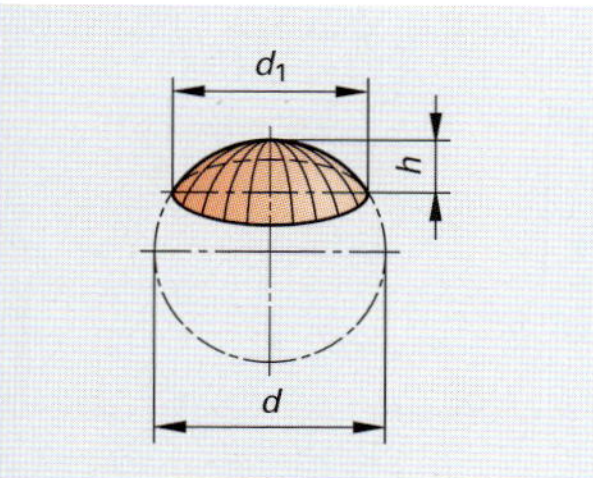

V Volumen
d Kugeldurchmesser
d_1 kleiner Durchmesser
h Höhe
A_O Oberfläche
A_M Mantelfläche

$$V = \pi \cdot h^2 \cdot \left(\frac{d}{2} - \frac{h}{3}\right)$$

$$A_O = \pi \cdot h \cdot (2 \cdot d - h)$$

$$A_M = \pi \cdot d \cdot h$$

Kugelschicht

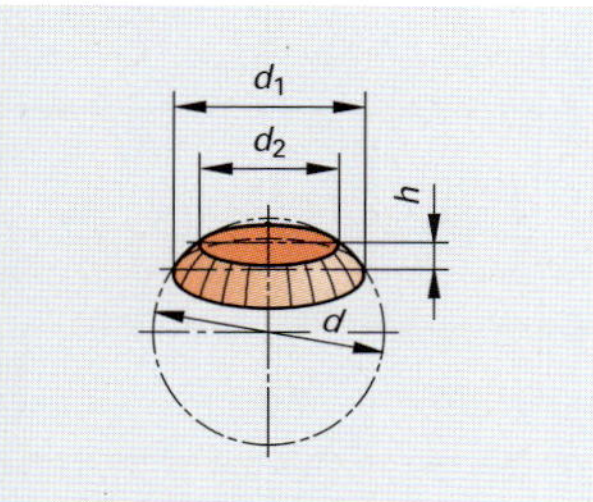

V Volumen
d Kugeldurchmesser
d_1 großer Durchmesser
d_2 kleiner Durchmesser
h Höhe
A_O Oberfläche
A_M Mantelfläche

$$V = \frac{\pi \cdot h}{6} \cdot \left(\frac{3 \cdot d_1^2}{4} + \frac{3 \cdot d_2^2}{4} + h^2\right)$$

$$A_O = \pi \cdot \left(d \cdot h + \frac{d_1^2}{4} + \frac{d_2^2}{4}\right)$$

$$A_M = \pi \cdot d \cdot h$$

Kugelausschnitt

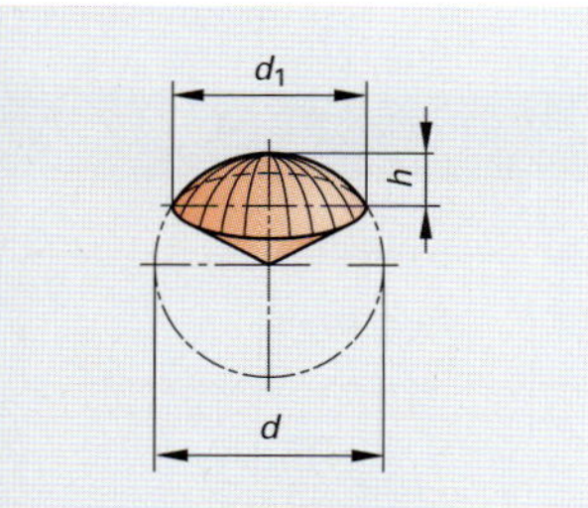

V Volumen
d Kugeldurchmesser
d_1 kleiner Durchmesser
h Höhe
A_O Oberfläche

$$V = \frac{\pi \cdot d^2 \cdot h}{6}$$

$$A_O = \frac{\pi \cdot d}{4} \cdot (4 \cdot h + d_1)$$

Zusammengesetzter Körper

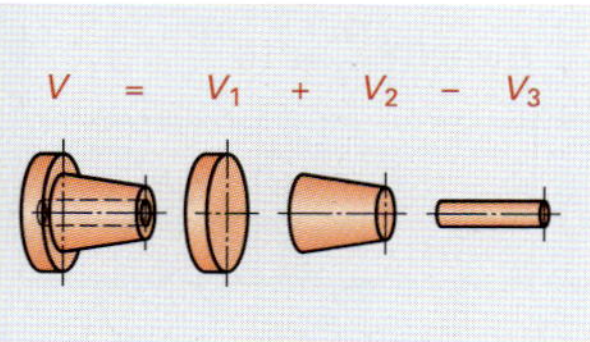

V Gesamtvolumen
V_1, V_2, V_3 Teilvolumina

$$V = V_1 + V_2 - V_3$$

Masse

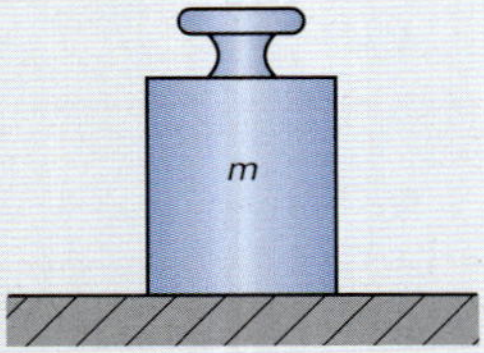

m Masse
V Volumen
ϱ Dichte

$$m = V \cdot \varrho$$

$$\varrho = \frac{m}{V}$$

$$1\,\frac{\text{g}}{\text{cm}^3} = 1\,\frac{\text{kg}}{\text{dm}^3} = 1\,\frac{\text{t}}{\text{m}^3}$$

Längenbezogene Masse

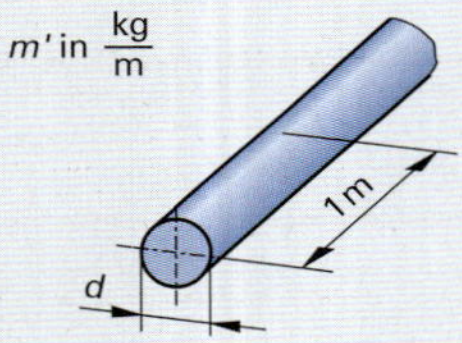

m Masse
m' längenbezogene Masse
l Länge

$$m = m' \cdot l$$

Flächenbezogene Masse

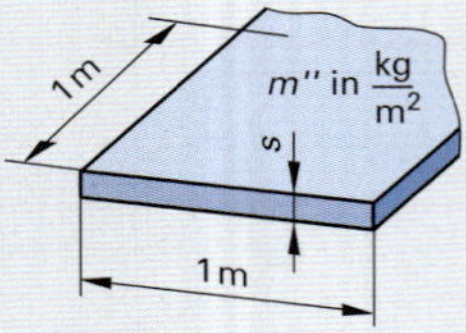

m Masse
m'' flächenbezogene Masse
A Fläche

$$m = m'' \cdot A$$

Gewichtskraft

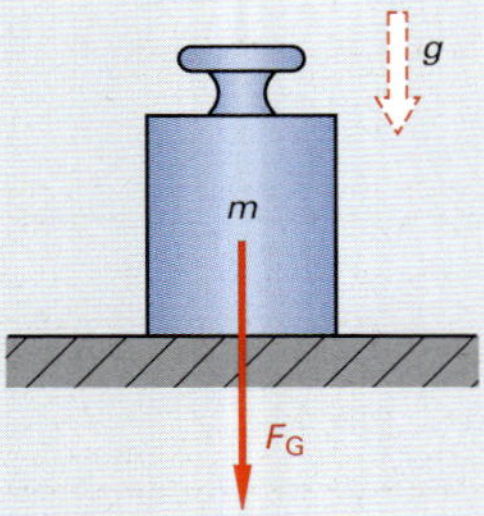

F_G Gewichtskraft
m Masse
g Fallbeschleunigung

$$F_G = m \cdot g$$

$$m = \frac{F_G}{g}$$

$$g = 9{,}81\,\frac{\text{m}}{\text{s}^2} \approx 10\,\frac{\text{m}}{\text{s}^2}$$

$$1\,\text{N} = 1\,\text{kg} \cdot 1\,\frac{\text{m}}{\text{s}} \cdot \frac{1}{\text{s}} = 1\,\frac{\text{kg} \cdot \text{m}}{\text{s}^2}$$

Bewegungslehre

Geradlinige Bewegung

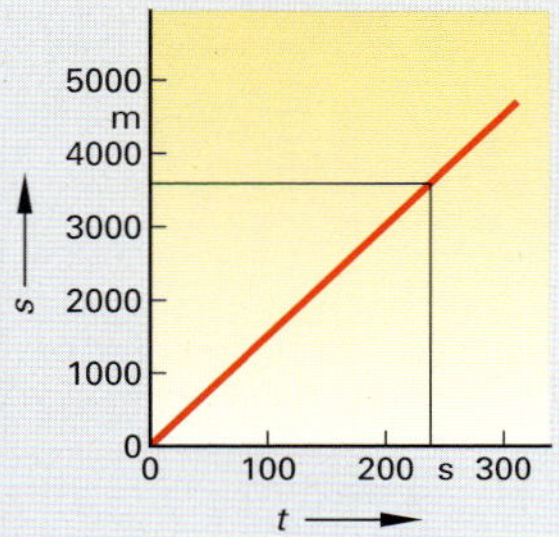

v Geschwindigkeit
s Weg
t Zeit

$$v = \frac{s}{t}$$

$$1\,\frac{m}{s} = 60\,\frac{m}{min} = 3{,}6\,\frac{km}{h}$$

$$1\,\frac{km}{h} = 16{,}67\,\frac{m}{min} = 0{,}278\,\frac{m}{s}$$

Gleichförmig beschleunigte Bewegung

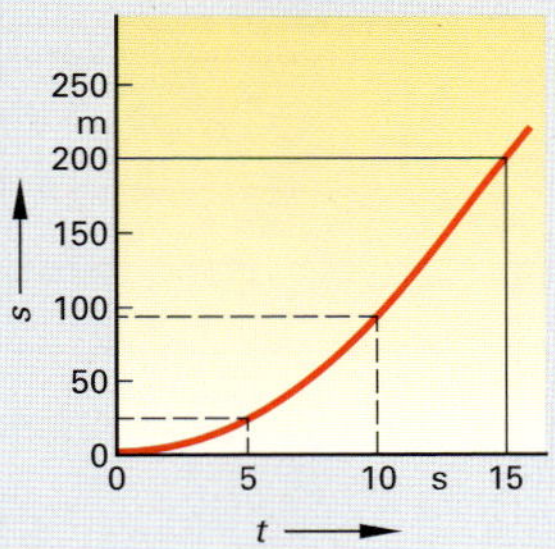

a Beschleunigung
v_e Endgeschwindigkeit
v_o Anfangsgeschwindigkeit
t Zeit
s Weg

$$a = \frac{v_e - v_o}{t}$$

$$v_e = v_o + a \cdot t$$

$$v_e = \sqrt{v_o^2 + 2 \cdot a \cdot s}$$

$$s = \frac{v_o + v_e}{2} \cdot t$$

$$s = v_o \cdot t + \frac{a \cdot t^2}{2}$$

Gleichförmige Kreis- oder Drehbewegung

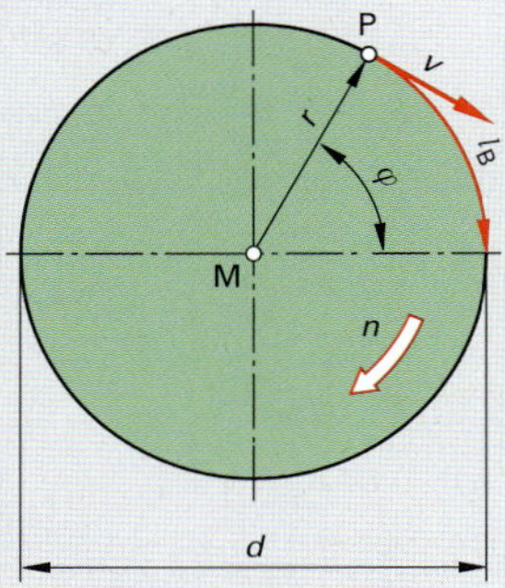

n Drehzahl
t Zeit
v Umfangsgeschwindigkeit
ω Winkelgeschwindigkeit
φ Drehwinkel im Bogenmaß
$\widehat{l}_B$ Bogenlänge
d Durchmesser
r Abstand

$$d = 2 \cdot r$$

$$v = \pi \cdot d \cdot n$$

$$\omega = 2 \cdot \pi \cdot n$$

$$v = \frac{d}{2} \cdot \omega$$

$$\varphi = \omega \cdot t$$

$$\widehat{l}_B = \varphi \cdot r$$

$\frac{1}{min} = min^{-1}$	$\frac{1}{s}$ s^{-1}

Geschwindigkeiten

Vorschubgeschwindigkeit

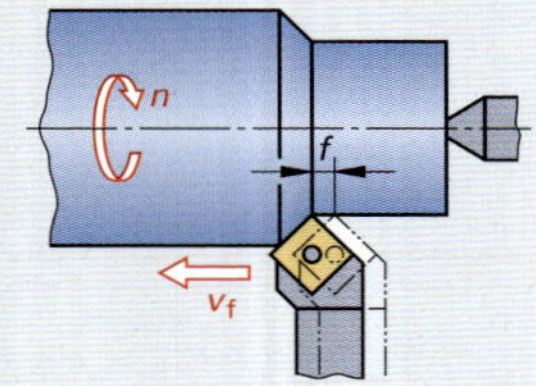

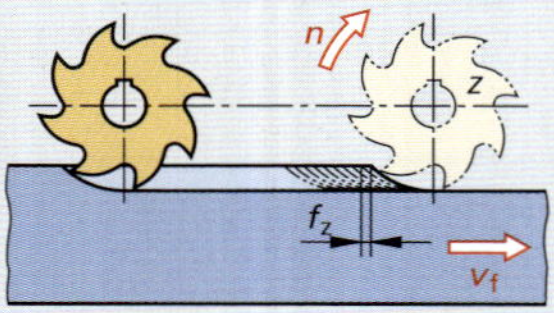

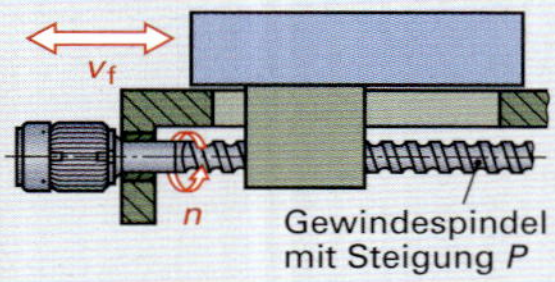

v_f Vorschubgeschwindigkeit
f_z Vorschub je Schneide
z Anzahl der Schneiden, Zähnezahl des Ritzels
f Vorschub
n Drehzahl
P, p Steigung

Vorschubgeschwindigkeit
(Bohren, Drehen)

$$v_f = n \cdot f$$

Vorschubgeschwindigkeit
(Fräsen)

$$v_f = n \cdot f_z \cdot z$$

Vorschubgeschwindigkeit
(Gewindebetrieb)

$$v_f = n \cdot P$$

Vorschubgeschwindigkeit
(Zahnstangentrieb)

$$v_f = p \cdot z \cdot n$$

Schnittgeschwindigkeit, Umfangsgeschwindigkeit

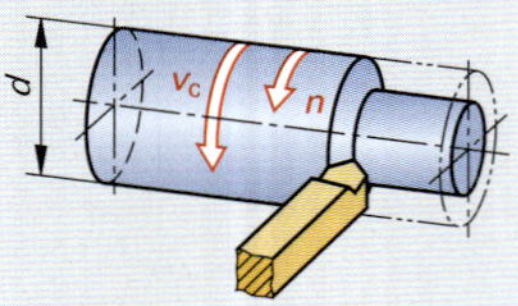

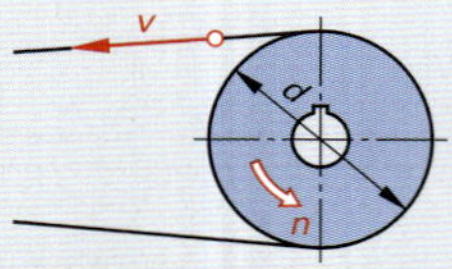

v_c Schnittgeschwindigkeit
v Umfangsgeschwindigkeit
d Durchmesser
n Drehzahl

Schnittgeschwindigkeit

$$v_c = \pi \cdot d \cdot n$$

Umfangsgeschwindigkeit

$$v = \pi \cdot d \cdot n$$

Mittlere Geschwindigkeit bei Kurbeltrieben

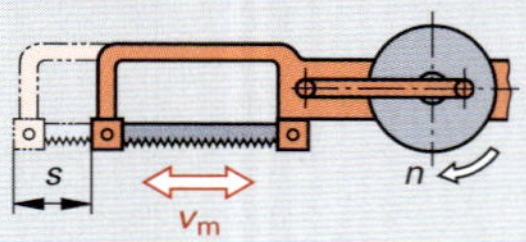

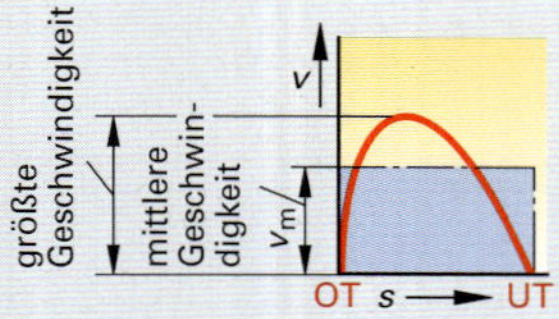

v_m mittlere Geschwindigkeit
n Anzahl der Doppelhübe
s Hublänge

Mittlere Geschwindigkeit

$$v_m = 2 \cdot s \cdot n$$

Kräfte

Darstellen, Zusammensetzen und Zerlegen von Kräften

Darstellen von Kräften

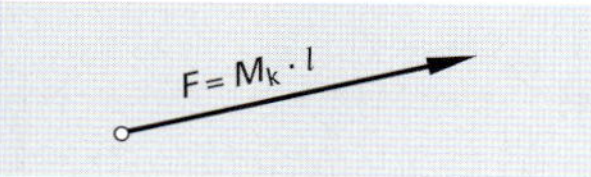

F_1, F_2 Teilkräfte
F_r Resultierende
M_k Kräftemaßstab
l Pfeillänge

$$1\ \text{N} = 1\ \frac{\text{kg} \cdot \text{m}}{\text{s}^2}$$

Zusammensetzen und Zerlegen von Kräften

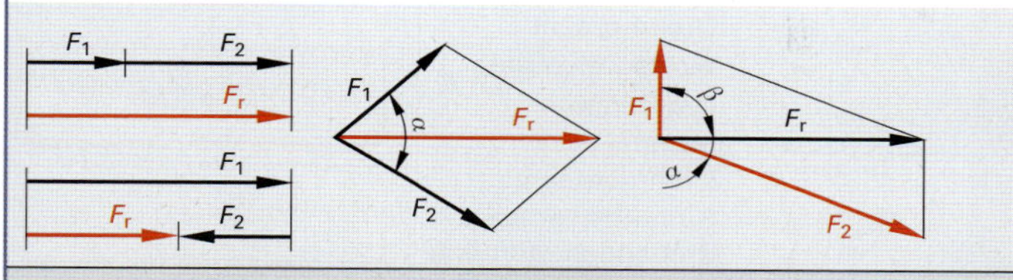

Gleichgerichtete Kräfte

$$F_r = F_1 + F_2$$

Entgegengesetzte Kräfte

$$F_r = F_1 - F_2$$

Kräfte auf verschiedenen Wirkungslinien

$$l = \frac{F}{M_k}$$

Seilkräfte bei Lastaufnahmeeinrichtungen

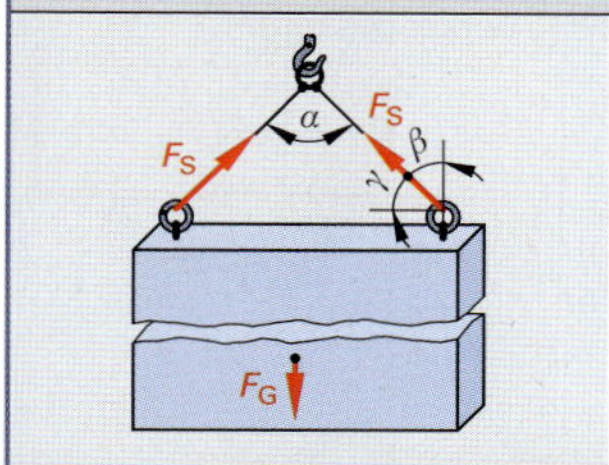

F_s Seilkraft
F_G Gewichtskraft
α Spreizwinkel
β Neigungswinkel
γ Anschlagwinkel

$$F_s = \frac{F_G}{2 \cdot \sin \gamma}$$

$$F_s = \frac{F_G}{2 \cdot \cos \alpha/2}$$

Kräfte bei Beschleunigung und Verzögerung

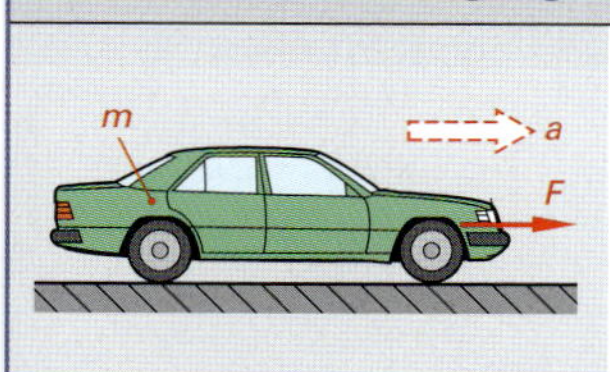

F Kraft
m Masse
a Beschleunigung, Verzögerung

$$F = m \cdot a$$

$$1\ \frac{\text{m}}{\text{s}^2} = \frac{1\ \frac{\text{m}}{\text{s}}}{1\ \text{s}}$$

Gewichtskraft

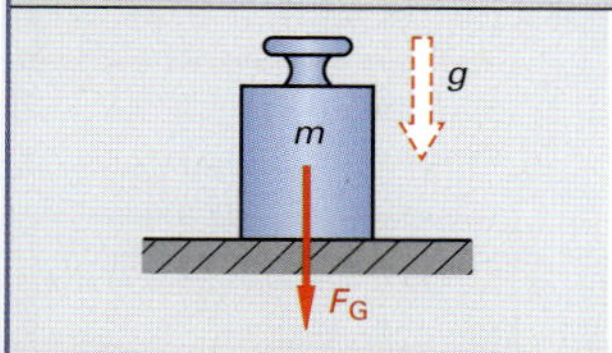

F_G Gewichtskraft
m Masse
g Fallbeschleunigung

$$F_G = m \cdot g$$

$$g = 9{,}81\ \frac{\text{m}}{\text{s}^2} \approx 10\ \frac{\text{m}}{\text{s}^2}$$

Reibungskraft

Haftreibung, Gleitreibung

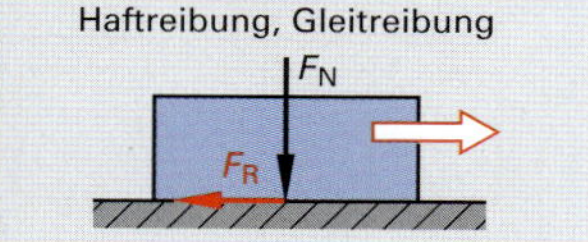

F_N Normalkraft
F_R Reibungskraft
μ Reibungszahl

$$F_R = \mu \cdot F_N$$

Hebel und Drehmoment

Einseitiger Hebel

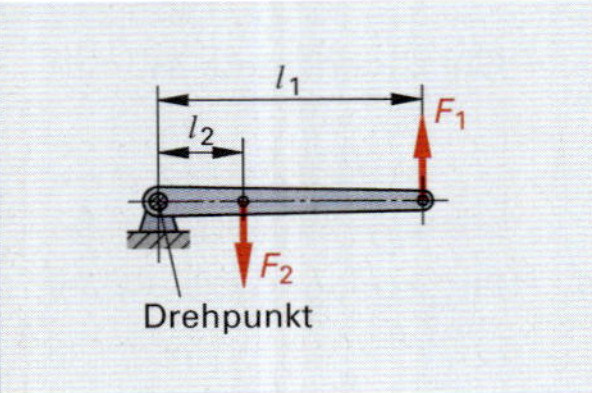

Zweiseitiger Hebel

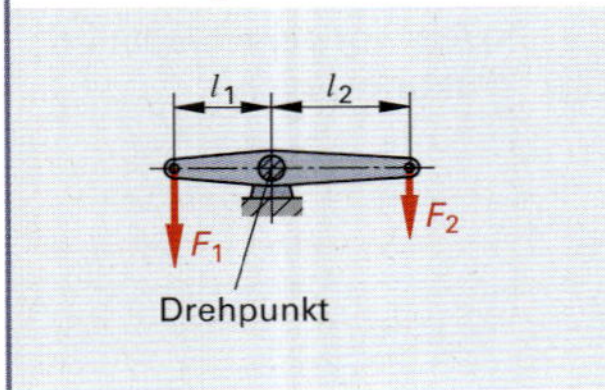

Winkelhebel

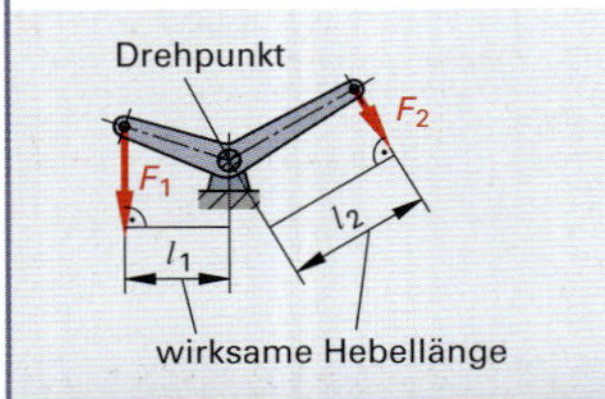

F, F_G, F_1, F_2, ...	Kräfte
l, l_1, l_2, ...	wirksame Hebellängen
M, M_1, M_2, ...	Drehmomente
M_l	linksdrehendes Drehmoment
M_r	rechtsdrehendes Drehmoment
ΣM	Summe aller Drehmomente
ΣM_l	Summe aller linksdrehenden Momente
ΣM_r	Summe aller rechtsdrehenden Momente

Die **wirksame Hebellänge** l ist der rechtwinklige Abstand zwischen Drehpunkt und Wirkungslinie der Kraft.

$$M_l = M_r$$

$$\Sigma M_l = \Sigma M_r$$

$$\Sigma M = 0$$

Sind nur zwei Kräfte wirksam, so gilt:

$$F_1 \cdot l_1 = F_2 \cdot l_2$$

Auflagerkräfte

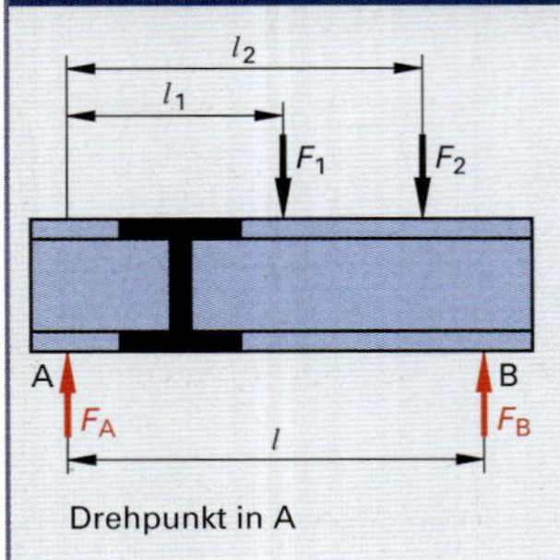

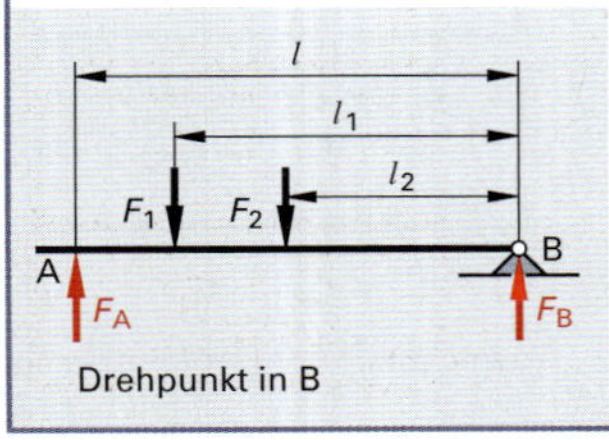

F_A	Auflagerkraft A
F_B	Auflagerkraft B
F_G	Gewichtskraft
F_1, F_2, ...	wirksame Kräfte am Bauteil
l	Abstand der Lagerstellen
l_1, l_2, ...	wirksame Hebellängen
M	Drehmomente
ΣM_l	Summe aller linksdrehenden Momente
ΣM_r	Summe aller rechtsdrehenden Momente

Bei Berechnung von Auflagerkräften wird jeweils ein Lagerpunkt als Drehpunkt angenommen.

$$\Sigma M_l = \Sigma M_r$$

$F_B \cdot l = F_1 \cdot l_1 + F_2 \cdot l_2$

$$F_B = \frac{F_1 \cdot l_1 + F_2 \cdot l_2}{l}$$

$F_A \cdot l = F_1 \cdot l_1 + F_2 \cdot l_2$

$$F_A = \frac{F_1 \cdot l_1 + F_2 \cdot l_2}{l}$$

$$\Sigma F\uparrow = \Sigma F\downarrow$$

$$F_A + F_B = F_1 + F_2$$

Mechanische Arbeit und Energie

Mechanische Arbeit

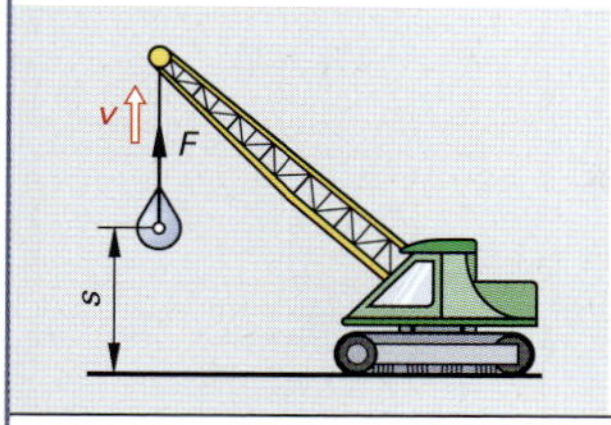

W Arbeit
F Kraft in Wegrichtung
s Kraftweg

Die Einheit für Arbeit und Energie ist 1 Joule (1 J)

$$W = F \cdot s$$

$$1\,J = 1\,N \cdot 1\,m$$

Potenzielle Energie

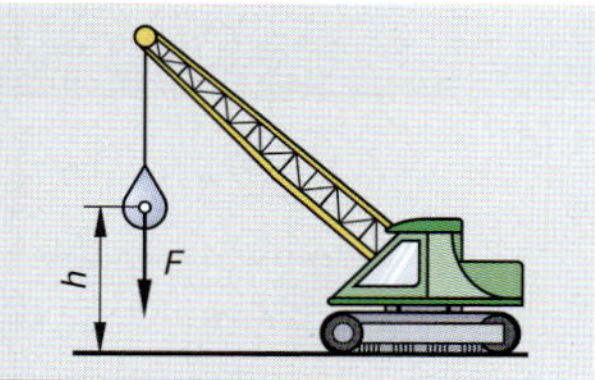

W_p potenzielle Energie
F_G Gewichtskraft
h Höhe
m Masse
g Erdbeschleunigung

$$W_p = F_G \cdot h$$

$$W_p = m \cdot g \cdot h$$

Kinetische Energie

W_k kinetische Energie
m Masse
v Geschwindigkeit

$$W_k = \frac{m \cdot v^2}{2}$$

$$v = \sqrt{\frac{2 \cdot W_k}{m}}$$

Kräfte an der schiefen Ebene

Schiefe Ebene

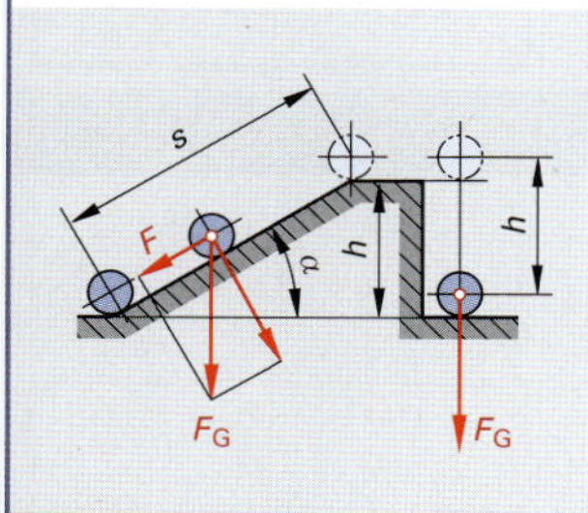

F Kraft
F_G Gewichtskraft
s Weg
h Hubweg
α Neigungswinkel

$$F \cdot s = F_G \cdot h$$

$$F = F_G \cdot \sin\alpha$$

Keil

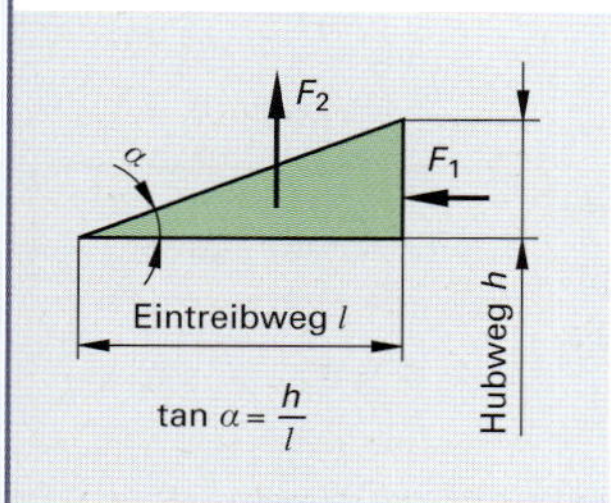

F_1 Eintreibkraft
F_2 Hubkraft
l Eintreibweg
h Hubweg
α Keilwinkel
N Neigung

$$F_1 \cdot l = F_2 \cdot h$$

$$N = \frac{h}{l} = \tan\alpha$$

$$F_2 = \frac{F_1}{\tan\alpha}$$

Kräfte an der schiefen Ebene

Schraube

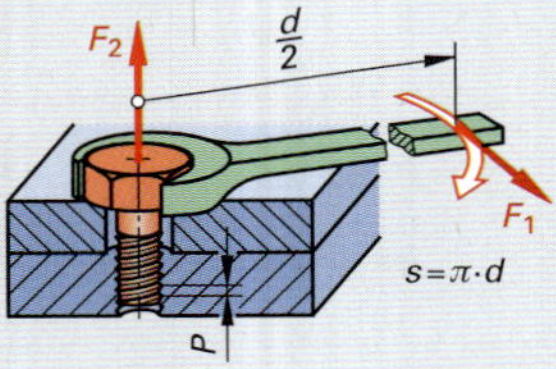

W_1	Handarbeit
W_2	Spannarbeit
F_1	Handkraft
F_2	Spannkraft
s	Handweg
d	Durchmesser
P	Gewindesteigung

$$W_1 = W_2$$

$$F_1 \cdot s = F_2 \cdot P$$

$$F_1 \cdot \pi \cdot d = F_2 \cdot P$$

Mechanische Leistung

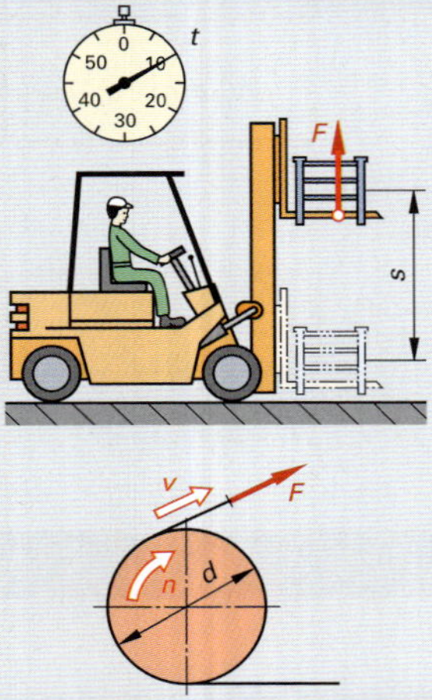

P	Leistung
W	Arbeit
F	Kraft
M	Drehmoment
s	Weg
t	Zeit
v	Geschwindigkeit
n	Drehzahl
d	Durchmesser

$$P = \frac{W}{t}$$

$$P = \frac{F \cdot s}{t}$$

$$P = F \cdot v$$

$$P = F \cdot \pi \cdot d \cdot n$$

$$P = 2 \cdot \pi \cdot n \cdot M$$

$$1\,\mathrm{W} = 1\,\frac{\mathrm{J}}{\mathrm{s}} = 1\,\frac{\mathrm{N \cdot m}}{\mathrm{s}}$$

Wirkungsgrad

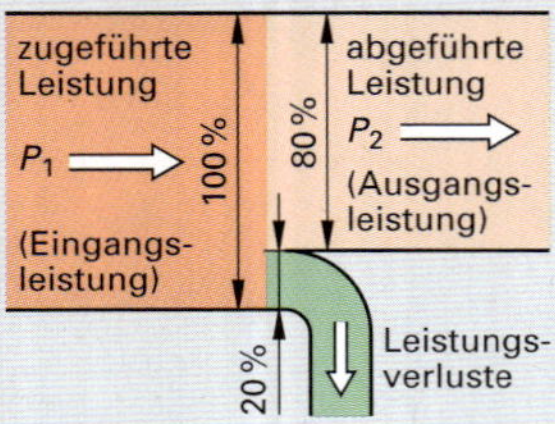

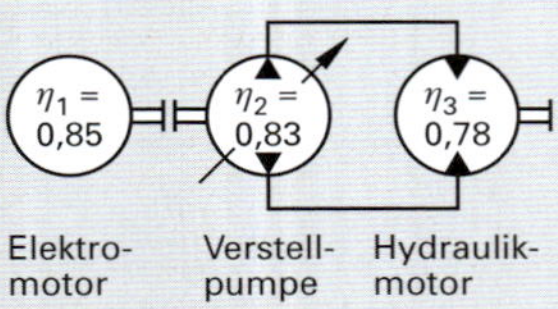

P_1	zugeführte Leistung
P_2	abgegebene Leistung
η	Gesamtwirkungsgrad
$\eta_1, \eta_2 \dots$	Teilwirkungsgrade

$$\eta = \frac{P_2}{P_1}$$

$$P_1 = \frac{P_2}{\eta}$$

$$P_2 = P_1 \cdot \eta$$

$$\eta = \eta_1 \cdot \eta_2 \cdot \eta_3 \dots$$

Rolle und Flaschenzug

Feste Rolle

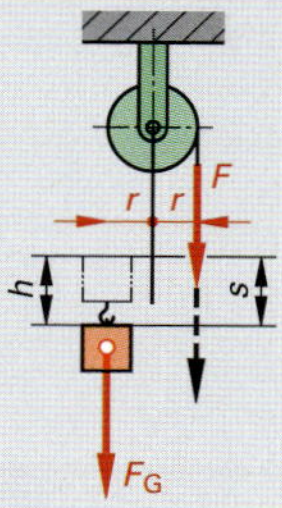

$F_G \cdot r = F \cdot r$

$F_G = F$

F Kraft, Handkraft
F_G Last, Gewichtskraft
s Kraftweg
h Lastweg

$$F = F_G$$

$$s = h$$

Lose Rolle

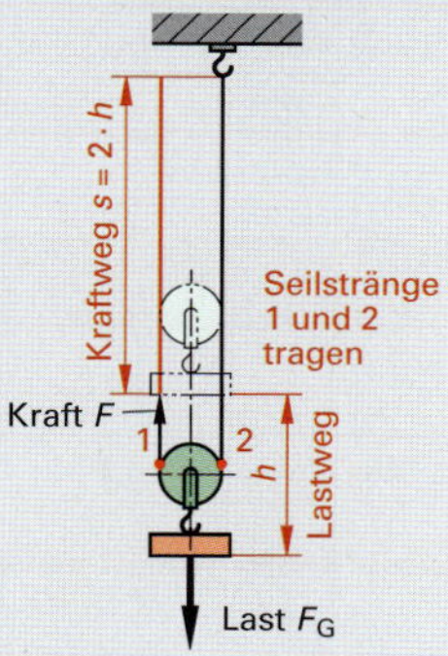

$F \cdot 2r = F_G \cdot r$

$F = \frac{F_G}{2}$

F Kraft, Handkraft
F_G Last, Gewichtskraft
s Kraftweg
h Lastweg

$$F = \frac{F_G}{2}$$

$$s = 2 \cdot h$$

$h = \frac{s}{2}$

Rollenflaschenzug

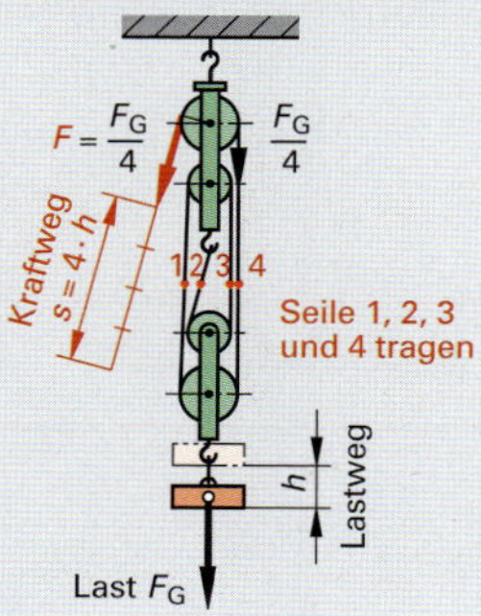

Die Anzahl der tragenden Seile entspricht meist der Anzahl der Rollen.

F Kraft, Handkraft
F_G Last, Gewichtskraft
s Kraftweg
h Lastweg
n Anzahl der Rollen, Anzahl der tragenden Seilstränge

$$F = \frac{F_G}{n}$$

$$s = n \cdot h$$

$h = \frac{s}{n}$

Berechnungen an Metallbaukonstruktionen

Teilungslängen bei Gittern und Bauelementen

Bei der Berechnung der lichten Weite von Gittern und Geländern muss die jeweilige Einbausituation berücksichtigt werden.

Teilungslängen bei Einzelfeld ohne Pfosten

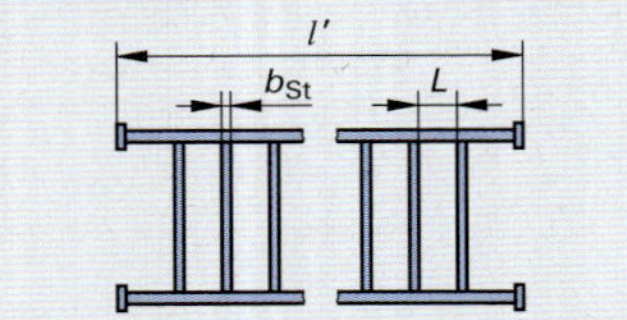

l' innere Feldlänge
b_{St} Stabbreite
n Anzahl der Stäbe
L lichte Weite

$$L = \frac{l' - n \cdot b_{St}}{n + 1}$$

Teilungslängen bei Einzelfeld mit Pfosten

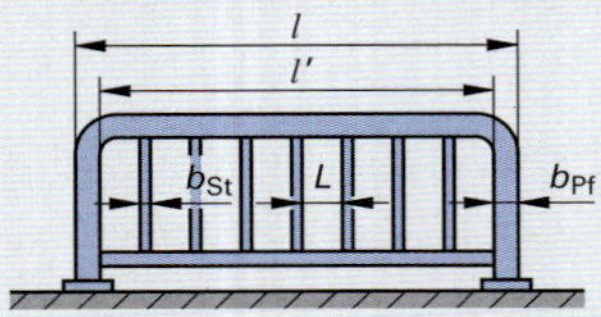

l Feldlänge
b_{Pf} Pfostenbreite
b_{St} Stabbreite
n Anzahl der Stäbe
L lichte Weite

$$L = \frac{l - (2 \cdot b_{Pf} + n \cdot b_{St})}{n + 1}$$

Teilungslängen bei durchlaufendem Geländer

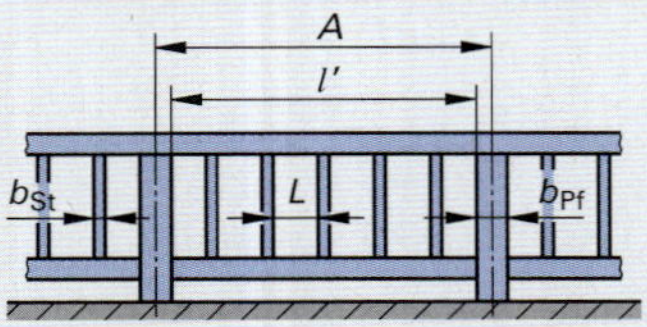

A Pfostenabstand
b_{Pf} Pfostenbreite
b_{St} Stabbreite
n Anzahl der Stäbe
L lichte Weite

$$L = \frac{A - (b_{Pf} + n \cdot b_{St})}{n + 1}$$

Teilungslängen bei Bauelementen zwischen Pfosten

Bei der Fertigung von Metallbau-Konstruktionen aus Pfosten und Füllelementen wie Geländerfüllungen, Fassaden und Raumteilern muss die Breite B der Bauelemente berechnet werden.

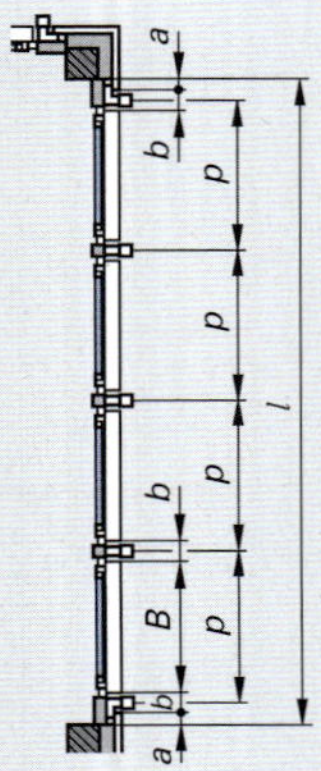

l Gesamtlänge
a Wandschluss
n Anzahl der Pfosten, Abstände
n_B Anzahl der Bauelemente
B Bauelementbreite
b_{Pf} Pfostenbreite

$$B = \frac{l - (2 \cdot a + n \cdot b_{Pf})}{n_B}$$

Berechnungen an Metallbaukonstruktionen

Teilungslängen nach Landesbauordnung

Es wird zuerst die Anzahl der Stäbe entsprechend der Einbausituation berechnet, wobei die nach Landesbauordnung und DIN 18065 vorgeschriebene maximale lichte Weite von 120 mm berücksichtigt werden muss. Dann kann die lichte Weite nach den Formeln S. 26 berechnet werden.

Teilungslängen bei Einzelfeld ohne Pfosten

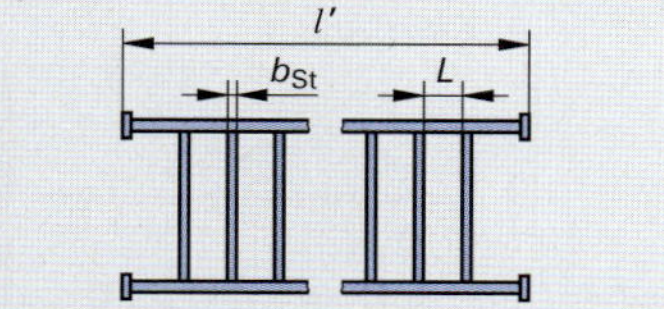

l' innere Feldlänge
b_{St} Stabbreite
n Anzahl der Stäbe

$$n = \frac{l' - 120\ \text{mm}}{b_{St} + 120\ \text{mm}}$$

Teilungslängen bei Einzelfeld mit Pfosten

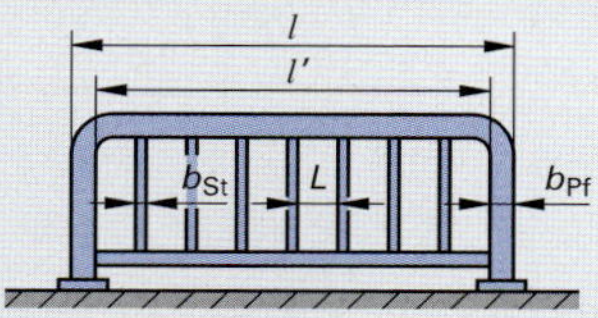

l Feldlänge
b_{St} Stabbreite
b_{Pf} Pfostenbreite
n Anzahl der Stäbe

$$n = \frac{l - (2 \cdot b_{Pf} + 120\ \text{mm})}{b_{St} + 120\ \text{mm}}$$

Teilungslängen bei durchlaufendem Geländer

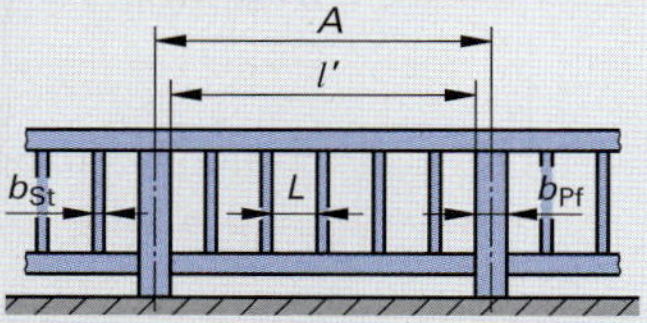

A Pfostenabstand
b_{St} Stabbreite
b_{Pf} Pfostenbreite
n Anzahl der Stäbe

$$n = \frac{A - (b_{Pf} + 120\ \text{mm})}{b_{St} + 120\ \text{mm}}$$

Bestimmung mithilfe von Tabellen

Für vorgegebene Füllstab-Breiten kann die lichte Weite mithilfe von Tabellen ermittelt werden. Das eingezeichnete Beispiel zeigt, dass für ein Gitter mit der inneren Feldlänge von 1800 mm 13 Stäbe mit einer Stabbreite von 12 mm benötigt werden. Die lichte Weite beträgt dabei 117,5 mm.

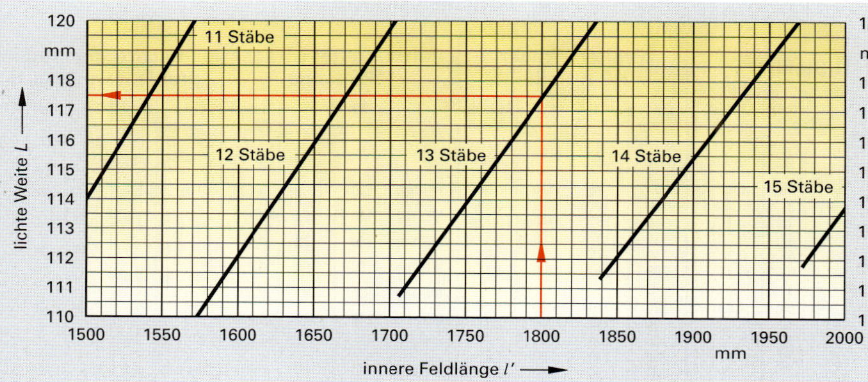

Berechnungen an Metallbaukonstruktionen

Teilungslängen gekrümmter Strecken

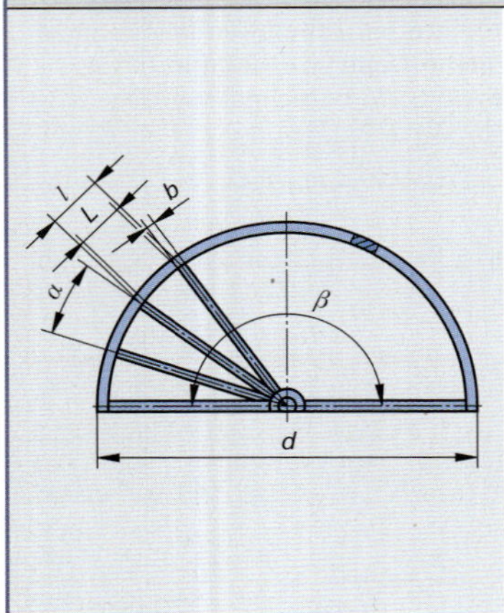

L lichte Weite
B Bauteilbreite
l Sehnenlänge
b Stabbreite, Pfostenbreite
n Anzahl der Stäbe, Anzahl der Pfosten
d Durchmesser
β Gesamtwinkel
α Mittelpunktswinkel

Geschlossener Kreis

$$\alpha = \frac{\beta}{n}$$

Kreisbogen

$$\alpha = \frac{\beta}{n+1}$$

$$L = d \cdot \sin\frac{\alpha}{2} - b$$

$$B = d \cdot \sin\frac{\alpha}{2} - b$$

Schließt eine Metallbaukonstruktion eines Kreisbogens nicht mit einem Stab oder Pfosten an das Bauwerk an, gilt für *L* und *B*:

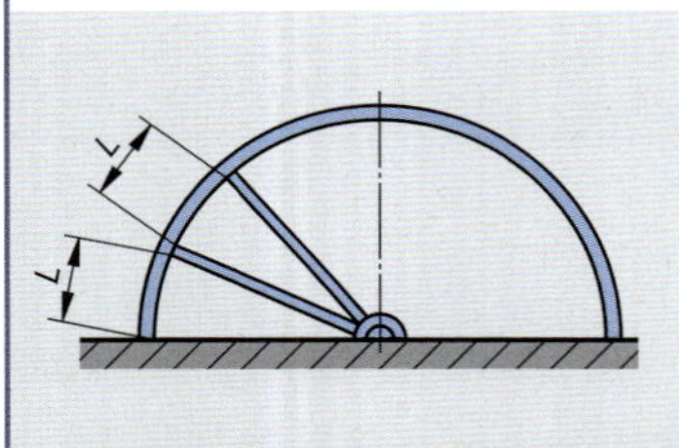

$$L = d \cdot \sin\frac{\alpha}{2} - \frac{b}{2}$$

$$B = d \cdot \sin\frac{\alpha}{2} - \frac{b}{2}$$

Oberflächen von Profilkonstruktionen

U längenbezogene Mantelfläche
l Länge
A Gesamtmantelfläche

$$A = U \cdot l$$

U-Stahl			
Kurzzeichen *U*	Maße in mm für		Mantelfläche *U* m²/m
	h	*b*	
50 × 25	**50**	25	0,181
50	50	38	0,232
60 × 30	60	30	0,215
65	65	42	0,273
80	80	45	0,312
100	100	50	0,372
120	120	55	0,434
140	140	60	0,489
160	160	65	0,546
180	180	70	0,611
200	200	75	0,661

Breiter I-Träger HE-A-Reihe			
Kurzzeichen HE-A (IPB)	Maße in mm für		Mantelfläche *U* m²/m
	h	*b*	
100	96	100	0,561
120	114	120	0,667
140	133	140	0,794
160	152	160	0,906
180	171	180	1,02
200	190	200	1,14
220	210	220	1,26
240	230	240	1,37
260	250	260	1,48
280	270	280	1,60
300	290	300	1,72

Mittelbreiter I-Träger IPE-Reihe			
Kurzzeichen IPE	Maße in mm für		Mantelfläche *U* m²/m
	h	*b*	
IPE 100	100	55	0,400
IPE 120	120	64	0,475
IPE 140	140	73	0,551
IPE 160	160	82	0,623
IPE 180	180	91	0,698
IPE 200	200	100	0,768
IPE 220	220	110	0,848
IPE 240	240	120	0,922

Rechteckige Hohlprofile warmgefertigt				
Nennmaße *H* × *B* mm	Wanddicke *T* mm	Querschnitt F_2 cm²	Gewicht *G* kg/m	Mantelfläche *U* m²/m
50 × 30	2,9	4,23	2,32	0,155
60 × 40	2,9	5,39	4,23	0,195
70 × 40	2,9	5,97	4,69	0,215
80 × 40	2,9	6,55	5,14	0,235
90 × 50	3,2	8,46	6,64	0,275
100 × 50	3,6	10,2	7,98	0,294
100 × 60	3,6	10,9	8,55	0,314

Berechnungen an Metallbaukonstruktionen

Masse von Profilkonstruktionen

Im Stahl- und Metallbau wird die Gesamtmasse einer Konstruktion nach den Handelsgewichten bzw. mit Zuschlägen berechnet.

Stahlbau

m Masse
m_H Handelsgewicht
l Länge

$$m = m_H \cdot l$$

Handelsgewichte für Formstahl m_H in kg/m

U		IPE		HE = IPBl		HE-B = IPB		HE = IPBv	
80	8,9	120	10,7	100	17,1	100	20,9	100	42,8
120	13,7	180	19,3	120	20,4	120	27,4	120	53,4
140	16,4	200	23	140	25,3	140	34,5	140	64,8
180	22,5	220	26,9	160	31,2	160	43,7	160	78,1
200	26	240	31,5	180	36,4	180	52,6	180	91,1
220	30	300	43,3	200	43	200	63	200	106
240	34			220	52	220	73	220	120
260	39	330	50,4	240	62	240	85	240	161
280	43	360	58,6	260	70	260	95	260	176
300	48	400	68	280	78	280	106	280	194
320	61	450	80	300	90	300	120	300	244
350	62	500	93	320	100	320	130	320	251
380	65	550	109	340	108	340	137	340	254
400	74	600	125	360	115	360	146	360	256
				400	128	400	159	400	262

Metallbau

Im Metallbau wird für die flächenbezogene Masse 8 kg/m² je mm Materialdicke gerechnet und für Profile ein Zuschlag von 2 % für Walzwerkstoleranzen und 2 % für Verbindungselemente wie Niete, Schrauben und Schweißnähte angesetzt.

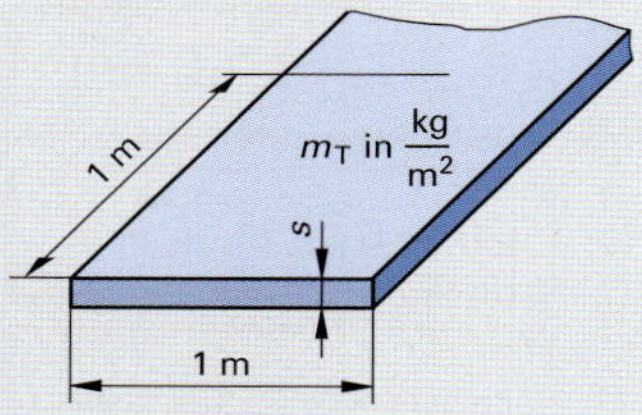

m Masse
m_T Masse nach Tabellen
Z_1, Z_2 Zuschläge

$$m = m_T \cdot Z_1 \cdot Z_2$$

$$m = m_T \cdot 1{,}02 \cdot 1{,}02$$

Berechnungen an Metallbaukonstruktionen

Zuschnittlängen gebogener Profile

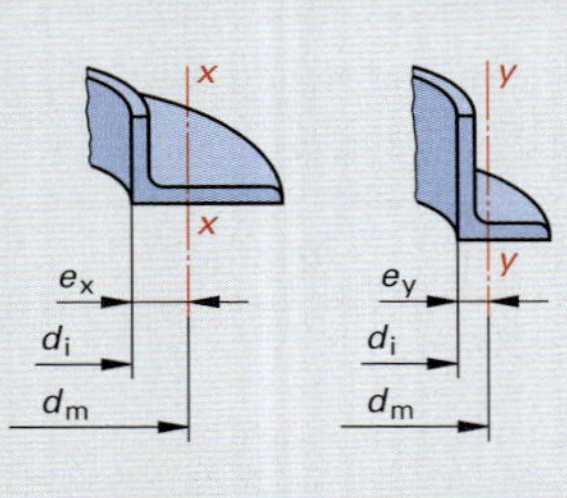

$x - - x$	Biegeachse x
$y - - y$	Biegeachse y
e	Abstand der Biegeachse
e_x	Abstand der Biegeachse x
e_y	Abstand der Biegeachse y
d_i	Innendurchmesser
d_m	Mittlerer Durchmesser
l	Zuschnittlänge

$$d_m = d_i + 2 \cdot e$$

$$d_m = d_i + 2 \cdot e$$

$$l = \pi \cdot d \cdot \frac{\alpha}{360°}$$

Zuschnittlängen von Systemkonstruktionen

Fenster

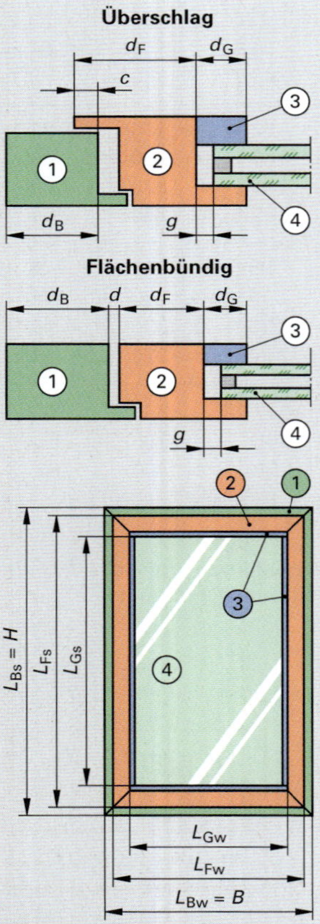

(1) Blendrahmen (3) Glasleiste
(2) Flügelrahmen (4) Glasscheibe

B	Fensterbreite
H	Fensterhöhe
d_B	Profilmaß für Blendrahmen
d_F	Profilmaß für Flügelrahmen
d_G	Profilmaß für Glasleiste
c	Überschlag
d	Schattenfuge
G_B	Glasbreite
G_H	Glashöhe
L_{Bw}	Zuschnittlänge für Blendrahmen, waagrecht
L_{Bs}	Zuschnittlänge für Blendrahmen, senkrecht
L_{Fw}	Zuschnittlänge für Flügelrahmen, waagrecht
L_{Fs}	Zuschnittlänge für Flügelrahmen, senkrecht
L_{Gws}	Zuschnittlänge für Glasleiste, waagrecht
L_{Gs}	Zuschnittlänge für Glasleiste, senkrecht
g	Falzgrund

$$L_{Bw} = B$$

$$L_{Bs} = H$$

Überschlag

$$L_{Fw} = B - 2 \cdot (d_B - c)$$

$$L_{Fs} = H - 2 \cdot (d_B - c)$$

Flächenbündig

$$L_{Fw} = B - 2 \cdot (d_B + d)$$

$$L_{Fs} = H - 2 \cdot (d_B + d)$$

$$L_{Gw} = L_{Fw} - 2 \cdot d_F$$

$$L_{Gs} = L_{Fs} - 2 \cdot (d_F + d_G)$$

$$G_B = L_{Fw} - 2 \cdot (d_F + g)$$

$$G_H = L_{Fs} - 2 \cdot (d_F + g)$$

Berechnungen an Metallbaukonstruktionen

Türen

B	Türbreite
H	Türhöhe
G_B	Glasbreite
G_H	Glashöhe
d_B, d_F, d_S	Profilmaße
e	Profilmaß Glasleiste
a	Bodeneinstand
b	Bodenfreiheit
c	Zwischenraumbreite
f	Anschlag
g	Falzgrund
L_{Bw}	Zuschnittlänge für Blendrahmen, waagrecht
L_{Bs}	Zuschnittlänge für Blendrahmen, senkrecht
L_{Fw}	Zuschnittlänge für Flügelrahmen, waagrecht
L_{Fs}	Zuschnittlänge für Flügelrahmen, senkrecht
L_{Sch}	Schwellenlänge
L_{Gw}	Zuschnittlänge für Glasleiste, waagrecht
L_{Gs}	Zuschnittlänge für Glasleiste, senkrecht
G_B	Breite der Glasscheibe
G_H	Höhe der Glasscheibe
OFF	Oberkante fertiger Fußboden

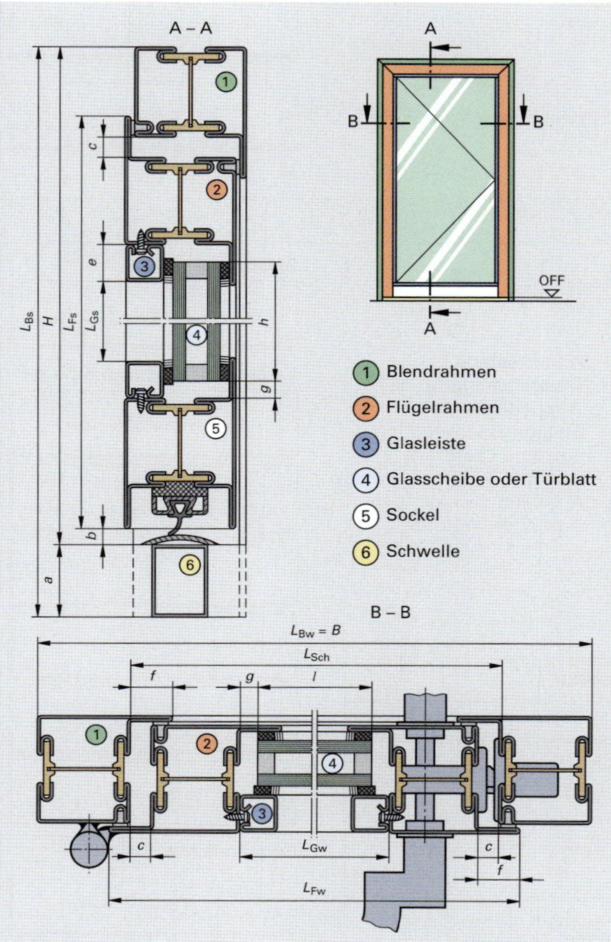

$$L_{Bw} = B$$

$$L_{Bs} = H + a$$

$$L_{Sch} = B - 2 \cdot d_B$$

$$L_{Fw} = B - 2 \cdot (d_B - f + c)$$

$$L_{Fs} = H - d_B + f - c - b$$

$$L_{Gw} = L_{Fw} - 2 \cdot d_F$$

$$L_{Gs} = L_{Fs} - d_F - d_S - 2 \cdot e$$

$$G_B = L_{Fw} - 2 \cdot (d_F + g)$$

$$G_H = L_{Fs} - d_F - d_S - 2 \cdot g$$

Berechnungen an Metallbaukonstruktionen

Rohmaße von Schmiede- und Pressstücken

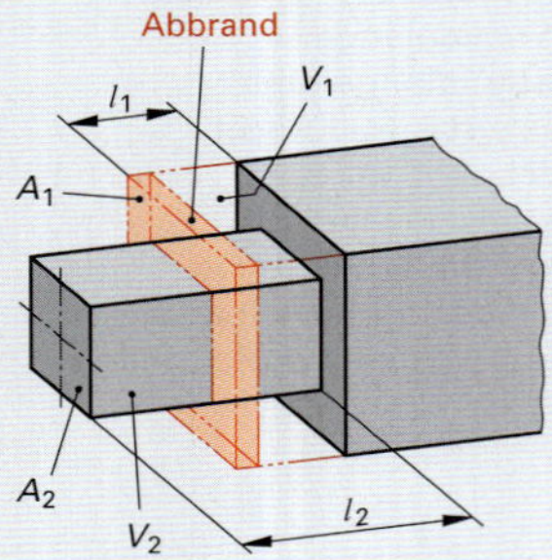

V_1 Ausgangsvolumen
V_2 Endvolumen
A_1 Ausgangsfläche
A_2 Endfläche
l_1, l_2 Längen
d_1, d_2 Durchmesser
q Zuschlagsfaktor für Abbrand oder Gratverluste

$$V_1 = V_2$$

$$V_1 = V_2 + q \cdot V_2$$

$$V_1 = V_2 \cdot (1 + q)$$

$$A_1 \cdot l_1 = A_2 \cdot l_2 \cdot (1 + q)$$

Für zylindrische Körper gilt:

$$d_1^2 \cdot l_1 = d_2^2 \cdot l_2$$

Treppenberechnungen

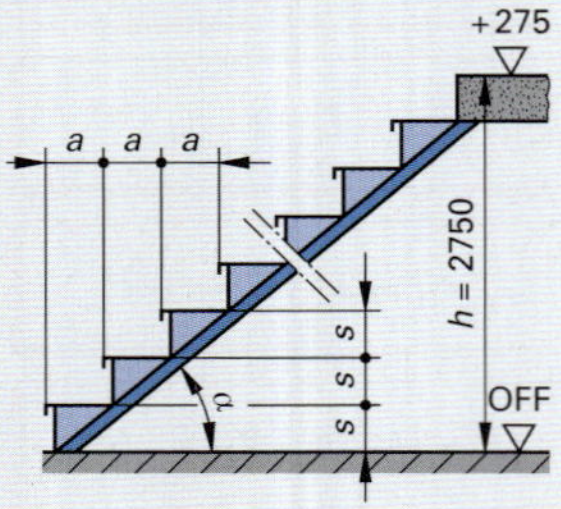

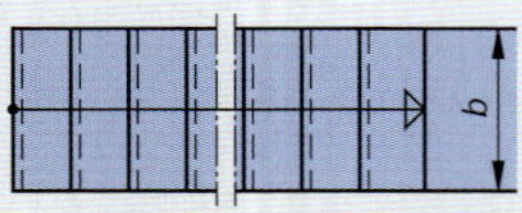

a Auftrittsbreite
s Treppensteigung
h Treppenhöhe
α Steigungswinkel
b nutzbare Laufbreite
l Lauflinie, Treppenlauflänge
n_s Anzahl der Steigungen
n_a Anzahl der Auftritte

Schrittmaßregel

$$2 \cdot s + a = 630^{+20}_{-40}\ \text{mm}$$

Vereinfachte Schrittmaßregel

$$2 \cdot s + a = 630\ \text{mm}$$

$$n_s = \frac{h}{s}$$

$$n_a = n_s - 1$$

$$l = (n_s - 1) \cdot a$$

$$l = n_a \cdot a$$

$$\tan \alpha = \frac{s}{a}$$

Bequemlichkeitsregel

$$a - s = 120\ \text{mm}$$

Maßliche Anforderungen im Treppenbau

Gebäudeart	Treppenart	Nutzbare Treppenlaufbreite b in cm	Treppensteigung s in cm	Auftrittbreite a in cm
Wohngebäude mit nicht mehr als zwei Wohnungen	Treppen zu Aufenthaltsräumen	≥ 80	17 ± 3	$28 \pm {}^{9}_{5}$
	Kellertreppen und Bodentreppen	≥ 80	≤ 21	≥ 21
Sonstige Gebäude	Baurechtlich notwendige Treppen	≥ 100	$17 \pm {}^{2}_{3}$	$28 \pm {}^{9}_{2}$

Blechkonstruktionen

Gestreckte Längen gekanteter Bauelemente

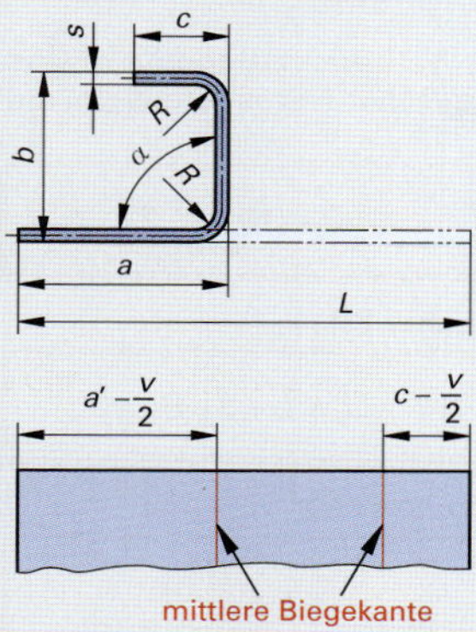

L, B	Gestreckte Länge, Streifenbreite
R	Biegeradius
s, t	Blechdicke
a, b, c …	Schenkellängen, außen
v	Ausgleichswert
α	Biegewinkel

Für 0 ≤ α ≤ 165°

$$L = a + b + \ldots - v_1 - v_2 \ldots$$

Für 165 < α ≤ 180°

$$L = a + b + c + \ldots$$

Für α = 90°

$$v \approx 0{,}43 \cdot R + (1{,}48 \cdot s)$$

Ausgleichswert *v* in mm für 90°-Biegewinkel nach DIN 6935

Dicke *s* in mm		1	1,5	2	2,5	3	3,5	4	4,5	5	6	8	10
Biegeradius *R* in mm	1	1,9	–	–	–	–	–	–	–	–	–	–	–
	1,6	2,1	2,9	–	–	–	–	–	–	–	–	–	–
	2,5	2,4	3,2	4,0	4,8	–	–	–	–	–	–	–	–
	4	3,0	3,7	4,5	5,2	6,0	6,9	–	–	–	–	–	–
	6	3,8	4,5	5,2	5,9	6,7	7,5	8,3	9,0	9,9	–	–	–
	10	5,5	6,1	6,7	7,4	8,1	8,9	9,6	10,4	11,2	12,7	–	–
	16	8,1	8,7	9,3	9,9	10,5	11,2	11,9	12,6	13,3	14,8	17,8	21,0
	20	9,8	10,4	11,0	11,6	12,2	12,8	13,4	14,1	14,9	16,3	19,3	22,3

Zugaben

Drahteinlagen

Die Zugabe beim Blechzuschnitt für das Einrollen des Drahtes hängt vom Drahtdurchmesser und der Zargenform ab. Die Drahtlänge wird mit den Formeln für die gestreckte Länge berechnet.

Zargenformen

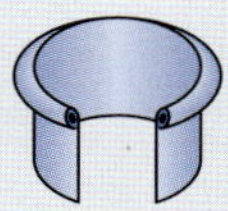

zylindrisch

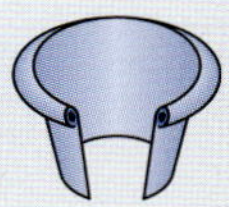

kegelig nach innen

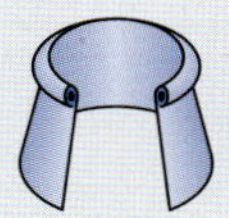

kegelig nach außen

z, z_1, z_2	Zugaben
d, d_1, d_2	Drahtdurchmesser
s, t	Blechdicke
l_1, l_2	Längen
L_S	Zuschnittlänge

Für zylindrische Zarge

$$z = 2{,}5 \cdot d$$

Für kegelige Zarge nach innen

$$z = 3 \cdot d$$

Für kegelige Zarge nach außen

$$z = 2 \cdot d$$

$$L_S = l_1 + z$$

Blechkonstruktionen

Zugaben

Falze

Die Breite von Längsfalzen richtet sich nach Blechdicke und Größe des Werkstücks. Bodenfalze sind ca. 5 mm breit. Die Zugabe ist von der Art des Falzes abhängig. Ein einfacher Falz ist dreilagig, ein doppelter fünflagig.

$$B \approx 10 \cdot s$$

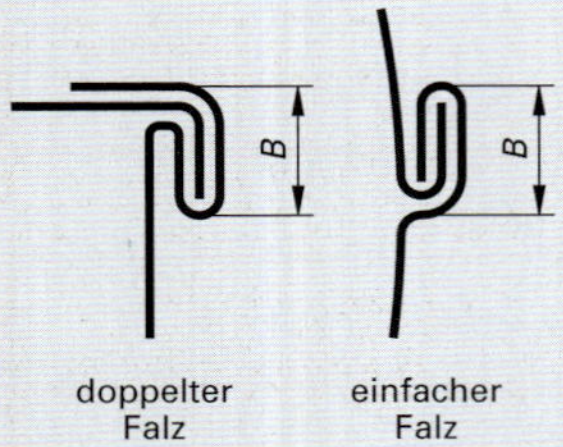

B Falzbreite
s, t Blechdicke
L_s Zuschnittlänge
L gestreckte Länge

Einfacher Falz

$$L_S = L + 3 \cdot B$$

Doppelter Falz

$$L_S = L + 5 \cdot B$$

Abwicklungen

Kegelige Blechformkörper

l_1, l_2 Mantelhöhen
d, D Durchmesser
h_1, h_2 Kegelhöhen
φ halber Spitzenwinkel der Abwicklung
β halber Kegelwinkel
L Tafellänge
B Tafelbreite
D Behälterdurchmesser, Zargendurchmesser

$$l_1 = \sqrt{h_1^2 + \left(\frac{D}{2}\right)^2}$$

$$l_2 = \frac{D}{2 \cdot \sin \beta}$$

$$\tan \beta = \frac{D}{2 \cdot h_1}$$

$$\varphi = 180° \cdot \sin \beta$$

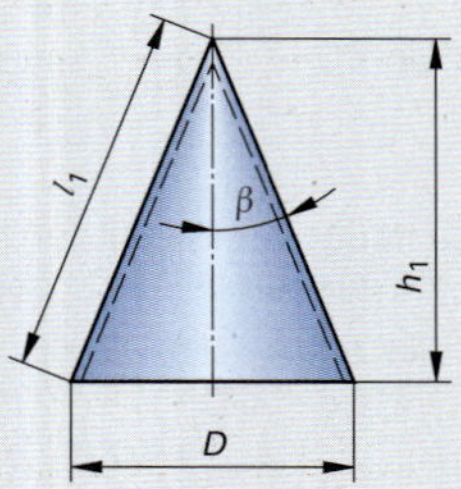

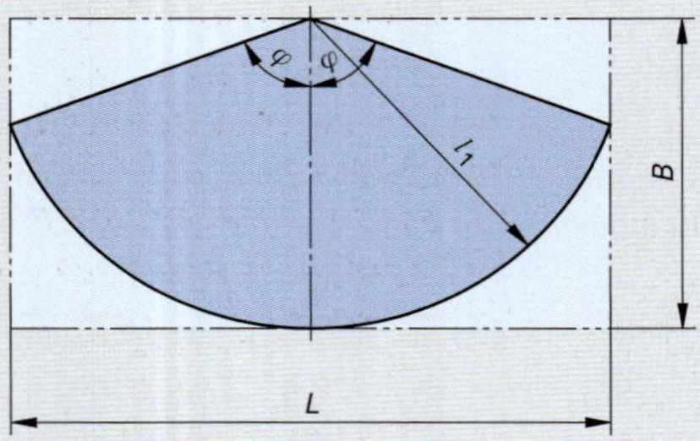

Für $\beta < 30°$ $\varphi < 90°$

$$L = 2 \cdot l_1 \cdot \sin \varphi$$

$$B = l_1$$

Für $\beta \geq 30°$ $\varphi \geq 90°$

$$L = 2 \cdot l_1$$

$$B = l_1 \cdot (1 - \cos \varphi)$$

Blechkonstruktionen

Abwicklungen

Kegelstumpfförmige Blechformkörper

l_1, l_2 Mantelhöhen
d, D Durchmesser
h_1, h_2 Kegelhöhen
φ halber Spitzenwinkel der Abwicklung
β halber Kegelwinkel
L Tafellänge
B Tafelbreite
D Behälterdurchmesser, Zargendurchmesser

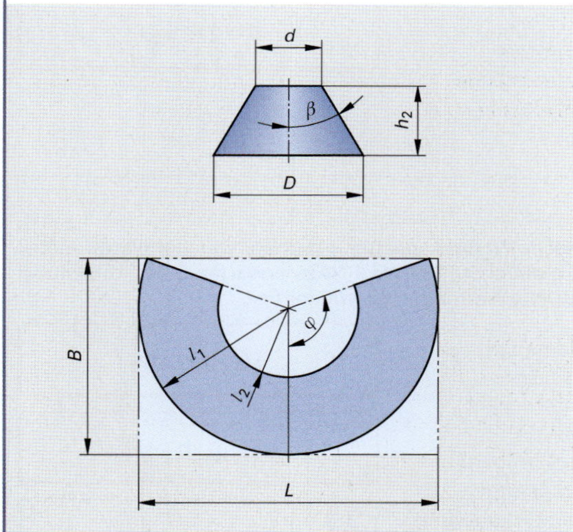

$$\tan \beta = \frac{D-d}{2 \cdot h_2}$$

$$l_1 = \frac{D}{2 \cdot \sin \beta}$$

$$l_2 = \frac{d}{2 \cdot \sin \beta}$$

$$\varphi = 180° \cdot \sin \beta$$

$$L = 2 \cdot l_1 \cdot \sin \varphi$$

$$B = l_1 - l_2 \cdot \cos \varphi$$

$$L = 2 \cdot l_1$$

$$B = l_1 \cdot (1 - \cos \varphi)$$

Schräggeschnittene zylindrische Blechformkörper

α Schnittwinkel am Rohr
φ Schrittwinkel
x_n x-Koordinaten
y_n y-Koordinaten
P_n Koordinatenpunkte
$0 \dots n$ Anzahl der Teilungen
d Rohrdurchmesser
h Rohrlänge

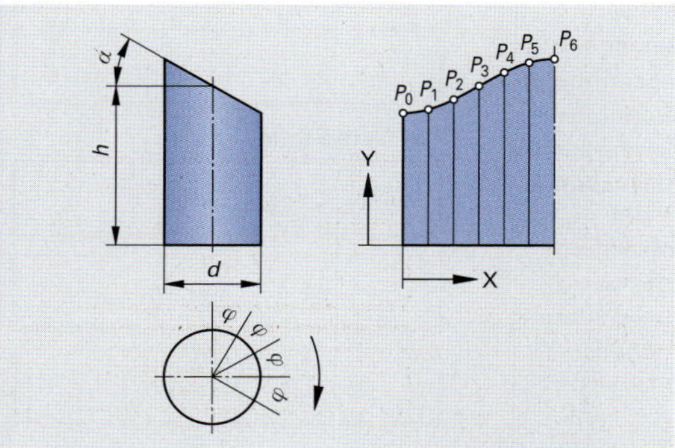

$$\varphi = \frac{360°}{n}$$

$$x_n = \pi \cdot d \cdot n \cdot \frac{\varphi}{360°}$$

$$y_n = h - \frac{d}{2} \cdot \tan \alpha \cdot \cos (n \cdot \varphi)$$

Wärmetechnik

Temperatur

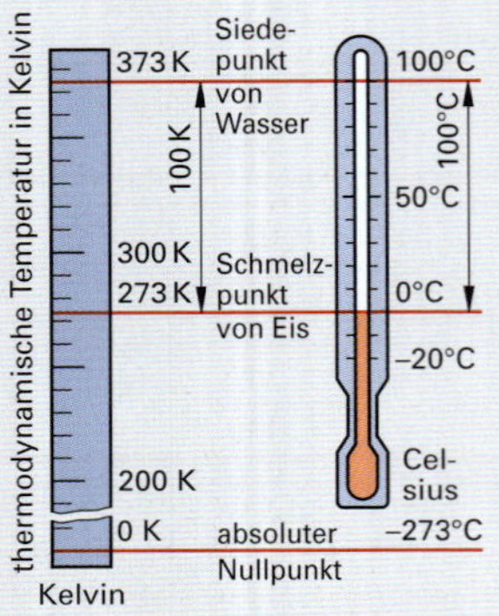

Temperaturen werden in **Kelvin** (K) oder in **Grad Celsius** (°C) gemessen. Die Kelvinskala geht von der tiefstmöglichen Temperatur, dem absoluten Nullpunkt aus, die Celsiusskala vom Schmelzpunkt des Eises.

- T Temperatur in K (Kelvin)
- Θ Temperatur in °C (Grad Celsius)

$$\Theta = T - 273$$

$$T = 273 + \Theta$$

Wärmemenge

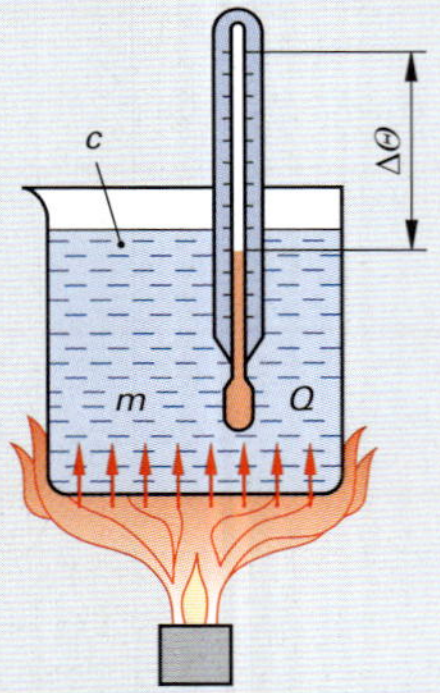

Die **spezifische Wärmekapazität *c*** gibt an, wie viel Wärme nötig ist, um 1 kg eines Stoffes um 1 °C zu erwärmen. Bei Abkühlung wird die gleiche Wärmemenge wieder frei.

- Q Wärmemenge
- c spezifische Wärmekapazität
- m Masse
- Θ_1 Anfangstemperatur
- Θ_2 Endtemperatur
- $\Delta\Theta$ Temperaturänderung

$$\Delta\Theta = \Theta_2 - \Theta_1$$

$$Q = c \cdot m \cdot \Delta\Theta$$

$1\ \text{J} = 1\ \text{W} \cdot \text{s} = 1\ \text{N} \cdot \text{m}$
$1\ \text{W} \cdot \text{h} = 3600\ \text{W} \cdot \text{s} = 3600\ \text{J}$
$1\ \text{kW} \cdot \text{h} = 3{,}6 \cdot 10^6\ \text{J}$

Längen- und Volumenänderung

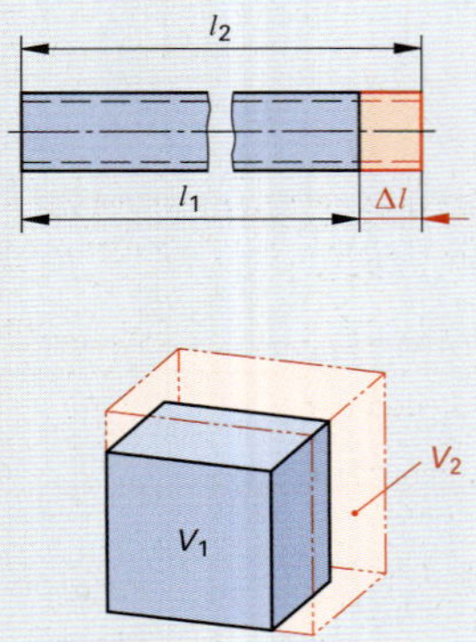

- l_1 Anfangslänge
- l_2 Endlänge
- Δl Längenänderung
- Θ_1 Anfangstemperatur
- Θ_2 Endtemperatur
- $\Delta\Theta$ Temperaturänderung
- α_l Längenausdehnungskoeffizient
- V_1 Anfangsvolumen
- V_2 Endvolumen
- ΔV Volumenänderung
- α_v Volumenausdehnungskoeffizient

$$\Delta l = \alpha_l \cdot l_1 \cdot \Delta\Theta$$

$$l_2 = l_1 + \Delta l$$

Für feste Stoffe

$$\alpha_v \approx 3 \cdot \alpha_l$$

$$\Delta V = \alpha_v \cdot V_1 \cdot \Delta\Theta$$

$$V_2 = V_1 + \Delta V$$

Wärmetechnik

Längen- und Volumenänderung

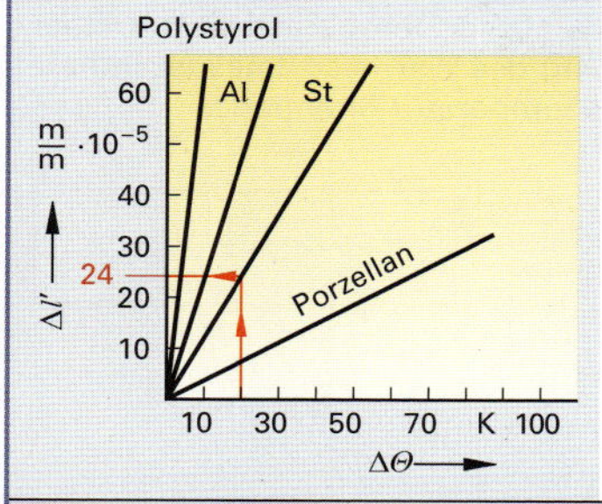

Die Längenänderung kann auch mithilfe von Tabellen errechnet werden.

Δt Temperaturänderung
$\Delta l'$ Längenänderung pro Meter
l_1 Anfangslänge

$$\Delta l = \Delta l' \cdot l_1$$

Kohle- und Gasverbrauch beim Schmieden

Verbrennungswärme

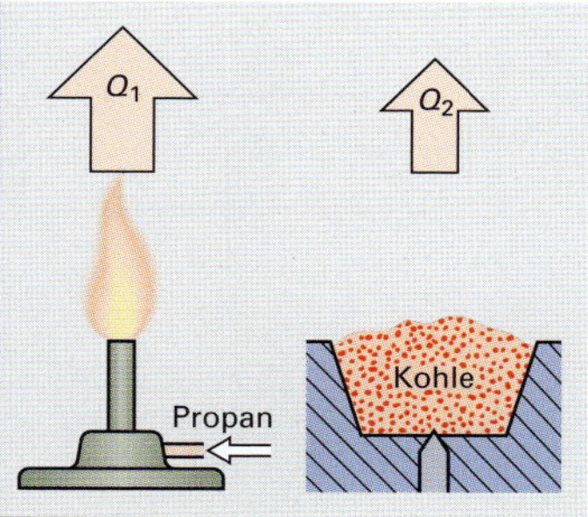

Q Verbrennungswärme
m Masse fester oder flüssiger Brennstoffe
H_u spezifischer Heizwert
V Volumen von Brenngasen

$$Q = H_u \cdot m$$

$$Q = H_u \cdot V$$

Wirkungsgrad

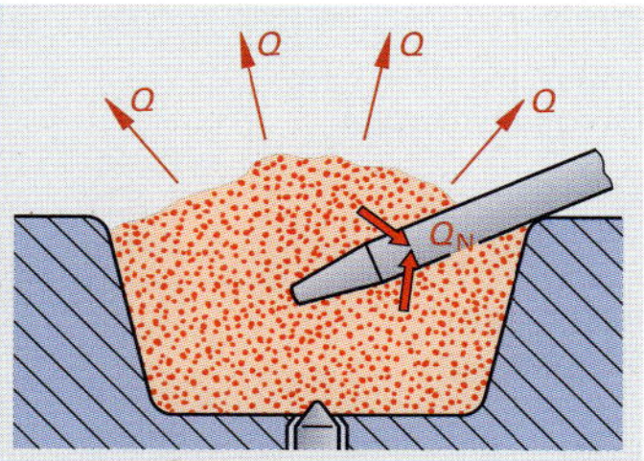

Das Verhältnis von ausgenutzter zu erzeugter Verbrennungswärme ist der Wirkungsgrad η der Wärmequelle.

Q erzeugte Verbrennungswärme
Q_N ausgenutzte Verbrennungswärme
η Wirkungsgrad

$$\eta = \frac{Q_N}{Q}$$

Heizwerte

Brennstoff	Heizwert H in MJ/kg	Brennstoff	Heizwert H in MJ/kg
Holz	16	Erdgas	36
Koks	30	Acetylen	57
Steinkohle	34	Propan	93
Heizöl	41	Butan	123
Spiritus	27	Gichtgas	3,5

Wirkungsgrade verschiedener Erwärmungseinrichtungen

Wärmequelle	Wirkungsgrad
Schmiedefeuer	0,06
Gasbeheizter Schmiedeofen	0,10
Brennstoffbeheizter Industrieofen	0,20
Induktionsofen	0,55

Wärmetechnik

Wärmestrom

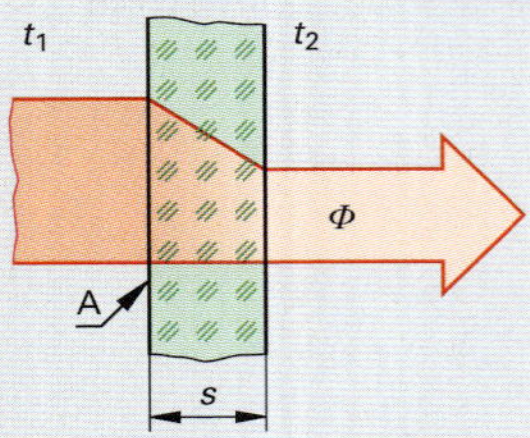

Zwischen Räumen mit unterschiedlichen Temperaturen tritt stets ein Wärmestrom auf. Die Richtung des Wärmestromes ist immer von der höheren zur niedrigeren Temperatur orientiert.

Φ	Wärmestrom
A	Fläche
U	Wärmedurchgangskoeffizient
$\Delta\Theta$	Temperaturdifferenz

$$\Phi = U \cdot A \cdot \Delta\Theta$$

Wärmedurchlasswiderstand einschichtiger Bauelemente

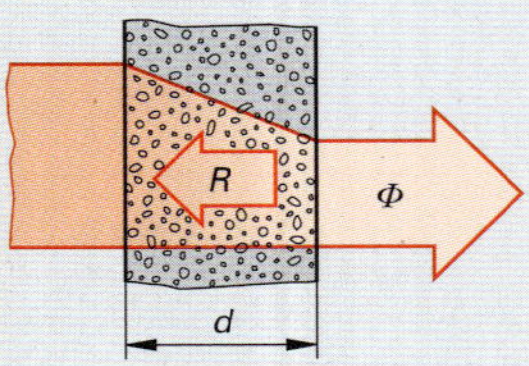

Die Wärmedämmung erfolgt durch einen inneren Widerstand, den ein Baustoff dem Wärmestrom entgegensetzt. Dieser Widerstand wird als Wärmedurchlasswiderstand bezeichnet.

R	Wärmedurchlasswiderstand
d	Bauelementdicke
δ	Wärmeleitfähigkeit
Φ	Wärmestrom

$$R = \frac{d}{\lambda}$$

Wärmeleitfähigkeit verschiedener Baustoffe

Baustoffe	Wärmeleitfähigkeit λ $\frac{W}{m \cdot K}$	Baustoffe	Wärmeleitfähigkeit λ $\frac{W}{m \cdot K}$
Beton		**Wärmedämmstoffe**	
Normalbeton	2,10	Polystyrolhartschaum	
Leichtbeton	0,70	Wärmeleitfähigkeitsgruppe	
Mauerwerk		030	0,030
Vollklinker	0,81	035	0,035
Vollziegel, Lochziegel	0,50	040	0,040
Leichthochlochziegel, Typ W	0,30	Polyurethanhartschaum	
Kalksand-Vollstein	0,99	Wärmeleitfähigkeitsgruppe	
Kalksand-Lochstein	0,70	025	0,025
Leichtbeton-Vollstein	0,54	030	0,030
Leichtbeton-Hohlblockstein	0,39	035	0,035
Gasbetonstein	0,29	Mineralische und pflanzliche Faserdämmstoffe	
Putze, Estriche		Wärmeleitfähigkeitsgruppe	
Kalkputz	0,87	035	0,035
Zementputz	1,40	040	0,040
Kalkgipsputz	0,70	045	0,045
Gipsputz	0,35	**Sonstige**	
Zementestrich	1,40	Glas	0,80
Gussasphaltestrich	0,90	Stahl	50,00
Gipsbaustoffe		Aluminium-Leg.	160,00
Gipswandbauplatten	0,58	Kupfer	380,00
Gipskartonplatten	0,21		

Wärmetechnik

Wärmedurchlasswiderstand mehrschichtiger Bauelemente

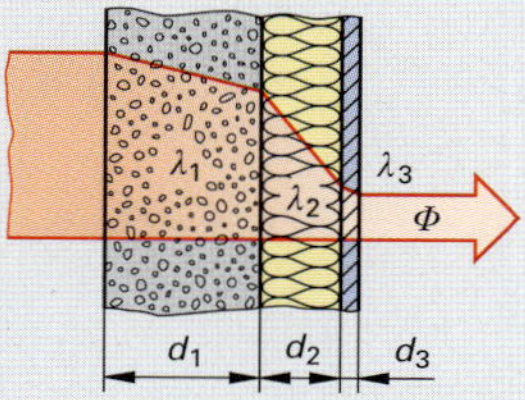

Bei mehrschichtigen Bauelementen, z. B. Fassaden, ergibt sich der gesamte Wärmedurchlasswiderstand aus der Summe der einzelnen Widerstände.

R Gesamt-Wärmedurchlasswiderstand
$d_1, d_2, d_3, \ldots$ Bauelementdicke
$\lambda_1, \lambda_2, \lambda_3, \ldots$ Wärmeleitfähigkeit
Φ Wärmestrom

$$R = \frac{d_1}{\lambda_1} + \frac{d_2}{\lambda_2} + \frac{d_3}{\lambda_3}$$

Wärmedurchgangswiderstand

Die auf ein Bauelement treffende Wärmemenge wird nicht sofort vollständig aufgenommen. Ebenso wird die an der Außenseite ankommende Wärmemenge nicht sofort an die Luft abgegeben. Es findet ein verzögerter Wärmeübergang statt.
Vereinfacht wird mit den Wärmeübergangswiderständen R_{si} = 0,13 m² · K/W und R_{se} = 0,04 m² · K/W gerechnet!

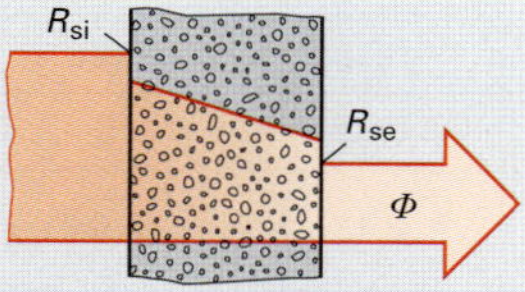

R_T Wärmedurchgangswiderstand
R_{si} innerer Wärmeübergangswiderstand
R_{se} äußerer Wärmeübergangswiderstand
R Gesamt-Wärmedurchlasswiderstand

$$R_T = R_{si} + R + R_{se}$$

Wärmedurchgangskoeffizient

Der Kehrwert des Wärmedurchgangswiderstandes ist der Wärmedurchgangskoeffizient U.

U Wärmedurchgangskoeffizient
R_T Wärmedurchgangswiderstand

$$U = \frac{1}{R_T}$$

Wärmedurchgangskoeffizient für Fenster

Zur Bestimmung des Gesamt-Wärmedurchgangskoeffizienten von Fenstern müssen die einzelnen Problemzonen – Rahmen, Glas und Fuge zwischen Flügel und Blendrahmen – berücksichtigt werden. Die Werte für die Wärmedurchgangskoeffizienten für U_f Rahmen, U_g Glas und Ψ_f Fuge sind Tabellen der Hersteller zu entnehmen.

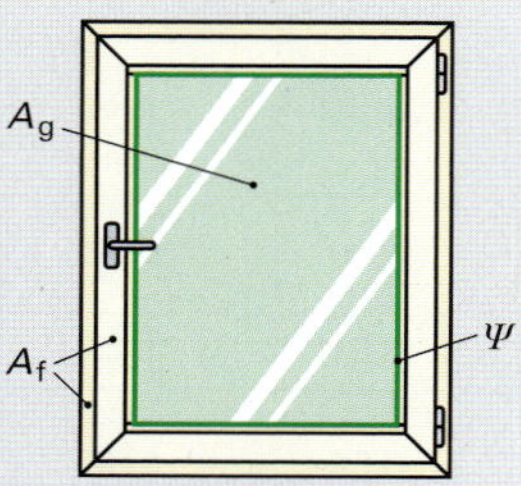

U_f, U_g, U_w Wärmedurchgangskoeffizienten
A_f, A_g, A_w Flächenanteile
L_g Umfangslänge des Glasrahmens
Ψ_g Längenbezogener Wärmedurchgangskoeffizient

$$U_w = \frac{A_f \cdot U_f + A_g \cdot U_g + l_g \cdot \Psi}{A_w}$$

Wärmetechnik

Rechenwerte der Wärmeübergangswiderstände R_{si} und R_{se}

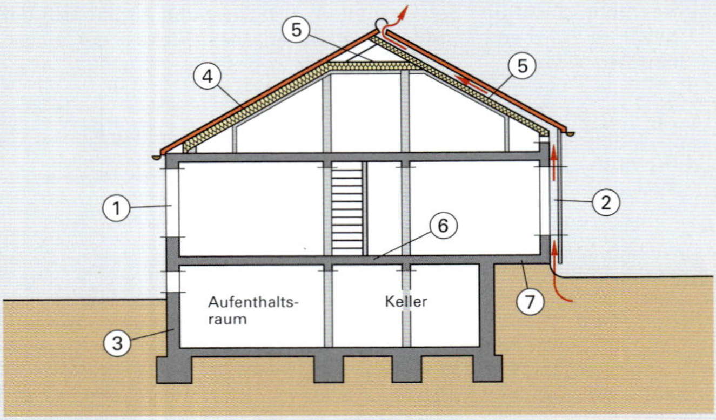

	R_{si} in $m^2 \cdot K/W$	R_{se} in $m^2 \cdot K/W$
Außenwand ohne hinterlüftete Außenhaut	0,13	0,04
Außenwand mit hinterlüfteter Außenhaut	0,13	0,08
Wand an das Erdreich grenzend	0,13	0
Decke oder Dachschräge, die Aufenthaltsräume nach oben gegen die Außenluft abgrenzen (nicht belüften)	0,13	0,04
Decke unter nicht ausgebautem Dachraum oder unter belüftetem Raum	0,13	0,08
Kellerdecke	0,17	0,17
Decke, die Aufenthaltsräume nach unten gegen die Außenluft abgrenzt	0,17	0,04

Mindestwerte der Wärmedurchlasswiderstände *R* und der Maximalwerte der Wärmedurchgangskoeffizienten *U* von Bauteilen

Bauelemente	Wärmedurchlasswiderstand *R* in $m^2 \cdot K/W$		Wärmedurchgangskoeffizient *U* in $W/m^2 \cdot K$	
	im Mittel	an der ungünstigsten Stelle (Wärmebrücke)	im Mittel	an der günstigsten Stelle (Wärmebrücke)
Außenwände ohne hinterlüftete Außenhaut	0,55		1,39	
Außenwände mit hinterlüfteter Außenhaut	0,55		1,32	
Wände, die an das Erdreich grenzen	0,55		1,39	
Decken, die Aufenthaltsräume nach oben gegen die Außenluft abgrenzen (z. B. Dächer und Decken unter Terrassen)	1,10	0,80	0,79	1,03
Decken unter nicht ausgebauten Dachräumen oder unter belüftetem Raum	0,90	0,45	0,90	1,52
Kellerdecken	0,90	0,45	0,81	1,27
Decken, die Aufenthaltsräume nach unten gegen die Außenluft abgrenzen (z. B. über Durchfahrten oder Garagen)	1,75	1,30	0,51	0,66

Wärmetechnik

Wasserdampfdiffusion

Tabelle 1: Wasserdampfdiffusionswiderstandszahlen (μ-Werte) ausgewählter Stoffe

Stoff	Wasserdampfdiffusionswiderstandszahl μ
Luft	1
Faserdämmstoff	1
Kork	5
Vollziegel-Mauerw.	5 bis 10
Holz	40
Beton	70 bis 150
PVC-Folie	20000 bis 50000
Metall	(dicht, Dampfsperre)

diffusionsoffene Schicht $d_d < 0{,}5$ m
diffusionshemmende Schicht $0{,}5 \text{ m} < d_d < 1{,}5$ km
diffusionsdichte Schicht $d_d \geq 1{,}5$ km

φ relative Luftfeuchte
μ Wasserdampf-Diffusionswiderstandszahl
p Teildruck
p_s Sättigungsdruck Pa
d Schichtdicke
n Anzahl der Einzelschichten
d_d Wasserdampfdiffusionsäquivalente Luftschichtdicke
p_{sw} Sättigungsdruck am Ort des Tauwasserausfalls

Einschichtige Wand

$$d_d = \mu \cdot d$$

Mehrschichtige Wand

$$d_d = \mu \cdot d_1 + \ldots + \mu_n \cdot d_n$$

Relative Luftfeuchte

$$\varphi = \frac{p}{p_s} \cdot 100\,\%$$

Vermeidung von Tauwasserbildung auf Oberflächen

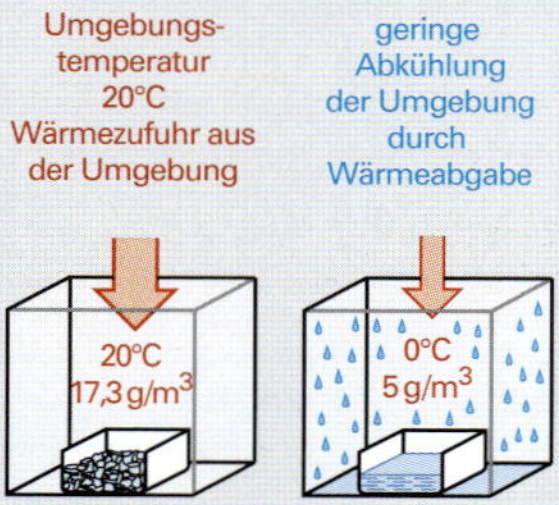

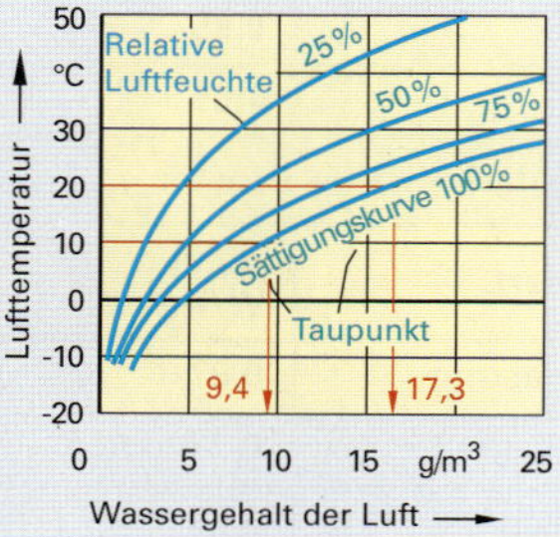

φ relative Luftfeuchte
v_{sat} Sättigungsmenge
v absolute Luftfeuchte
Θ_i Raumlufttemperatur
Θ_e Außenlufttemperatur
Θ_{si} Taupunkttemperatur °C
U_{max} Maximal zulässiger Wärmedurchgangskoeffizient
U Wärmedurchgangskoeffizient
R_{si} Wärmeübergangswiderstand Innenwand
R_{se} Wärmeübergangswiderstand Außenwand
d_1, d_2 Wandschichtdicken
λ_1, λ_2 Wärmeleitfähigkeiten
R_1, R_2, R_3 Wärmedurchlasswiderstände

$$\varphi = \frac{v}{v_{sat}} \cdot 100\,\%$$

Absolute Luftfeuchte

$$v = \varphi \cdot v_{sat}$$

Maximal zulässiger Wärmedurchgangskoeffizient

$$U_{max} = \frac{\Theta_i - \Theta_{si}}{R_{si} \cdot (\Theta_i - \Theta_e)}$$

Wärmedurchgangswiderstand

$$R = \frac{d_1}{\lambda_1} + \frac{d_2}{\lambda_2} + \frac{d_3}{\lambda_3} + \frac{d_4}{\lambda_4}$$

Wärmedurchgangskoeffizient

$$U = \frac{1}{R_{si} + R + R_{se}}$$

Wärmetechnik

Nachweisverfahren nach Energieeinsparverordnung

Die Energieeinsparverordnung (EnEV) regelt die Berechnung des Heizwärmebedarfs in einem Energiebilanzverfahren. Dies ist sehr aufwendig, deshalb kann für Wohngebäude mit maximal zwei Geschossen und bis zu drei Wohneinheiten ein vereinfachtes Verfahren angewandt werden.

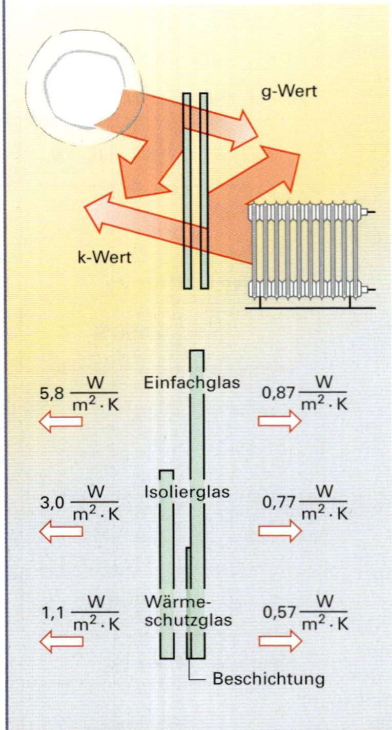

$U_{m,eq}$ mittlerer equivalenter U-Wert
U_{eq} equivalenter U-Wert
U U-Wert
A Fläche
g Energiedurchlassgrad
S Strahlungsgewinn-Faktor

Index:
W Fenster
D Tür
AW Wand
eq equivalent

$$U_{m,eq,W} \leq U_{max,W}$$

$$U_{m,eq,W} = \frac{\Sigma\,(A \cdot U_{eq,W})}{A_{ges}}$$

$$U_{eq,W} = U_W - g \cdot S_W$$

$$\Sigma\,(A \cdot U_{eq,W}) = A_1 \cdot U_{eq,W1} + A_2 \cdot U_{eq,W2} + \ldots$$

Maximaler U-Wert

Bauelement	U_{max} in W/m² · K
Außenwände	0,40
Außenliegende Fenster, Fensterwände, Dachfenster	0,70
Decken unter nicht ausgebauten Dachräumen und Decken, die gegen die Außenluft abgrenzen	0,22
Kellerdecken, Wände und Decken gegen unbeheizte Räume und Wände gegen das Erdreich angrenzend	0,35

Strahlungs-Faktor S_w für Fenster

Himmelsrichtung	s_w
Süd	2,40
Nord	0,95
Ost, West	1,65

Energiedurchlassgrad für Fenster g_w

Verglasungsart	g_w in W/m² · K
Einfachverglasung	0,87
Doppelverglasung	0,77
Wärmeschutzglas	0,57

Schweißen

Nahtquerschnitt und Elektrodenverbrauch beim Lichtbogenschmelzschweißen

Die Anzahl der verbrauchten Elektroden wird durch Vergleich des Nahtvolumens mit dem nutzbaren Volumen der Elektroden ermittelt. Bei Verschweißen der Elektroden entsteht durch das Einspannen immer ein Stummelverlust.

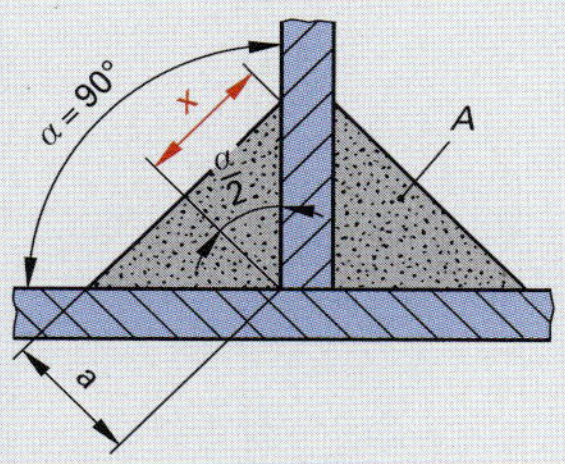

- A Nahtquerschnitt
- L Schweißnahtlänge
- l Elektrodenlänge
- l_E nutzbare Elektrodenlänge
- V_S Volumen der Schweißnaht
- V_E nutzbares Volumen einer Elektrode
- z_s spez. Elektrodenverbrauch
- Z Elektrodenbedarf
- K_E Faktor für die Ausbringung
- K_L Faktor für die Elektrodenlänge
- K_W Faktor für den Öffnungswinkel

$$l_E = l - 30 \text{ mm}$$

$$Z = \frac{V_S}{V_E}$$

$$Z = L \cdot z_s$$

$$V_s = A \cdot L$$

$$Z = K_E \cdot K_L \cdot K_W \cdot z_s \cdot L$$

Schweißzeitberechnung beim Lichtbogenhandschweißen

- t_h Schweißzeit
- m_s Nahtmasse je Lagenart
- p Abschmelzleistung
- L Nahtlänge
- K_W Faktor für den Öffnungswinkel
- K_p Faktor für die Schweißposition

$$t_h = K_W \cdot K_p \cdot \frac{m_S}{p} \cdot L$$

Verbrauch technischer Gase

- V Volumen der Gasflasche
- ΔV Gasverbrauch, Acetylenverbrauch
- p_1 Flaschendruck vor dem Schweißen
- p_2 Flaschendruck nach dem Schweißen
- p_{amb} Luftdruck $p_{amb} = 1$ bar
- K Umrechnungszahl
- m verbrauchte Gasmasse
- m_1 Gasmasse vor dem Schweißen
- m_2 Gasmasse nach dem Schweißen

Sauerstoff und Schutzgas

$$\Delta V = \frac{V \cdot (p_1 - p_2)}{p_{amb}}$$

Acetylen

$$\Delta V = K \cdot m$$

$$m = m_1 - m_2$$

$$K = 910 \frac{l}{\text{kg}}$$

Schweißzeitberechnungen, Schmelzschweißen und Gasverbrauch

- t Schweißzeit
- L Schweißnahtlänge
- t_1 Schweißzeit/m
- V_s spez. Gasverbrauch
- ΔV Gasverbrauch

$$t = L \cdot t_1$$

$$\Delta V = t \cdot V_s$$

Schweißen

Rechnerische Schweißnahtlängen

Flankenkehlnähte

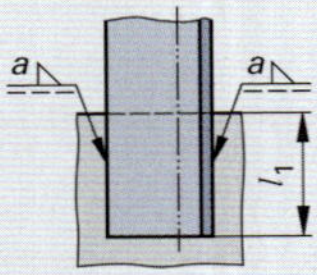

$\sum l$ Summe der Schweißnahtlängen
l_1, l_2 Einzelnahtlängen
a Nahtdicke

$$\sum l = 2 \cdot l_1$$

Stirn- und Flankenkehlnähte

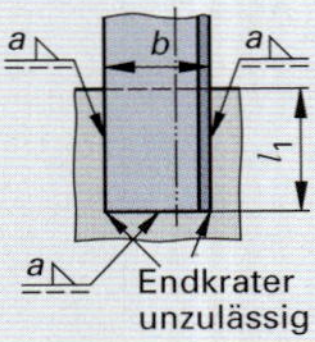

$\sum l$ Summe der Schweißnahtlängen
l_1, l_2 Einzelnahtlängen
b Schenkelbreite
a Nahtdicke

$$\sum l = b + 2 \cdot l_1$$

Ringsumlaufende Kehlnaht, Schwereachse näher zur längeren Nahtseite

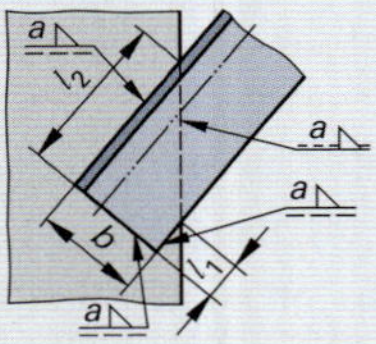

$\sum l$ Summe der Schweißnahtlängen
l_1, l_2 Einzelnahtlängen
b Schenkelbreite
a Nahtdicke

$$\sum l = l_1 + l_2 + 2 \cdot b$$

Ringsumlaufende Kehlnaht, Schwereachse näher zur kürzeren Nahtseite

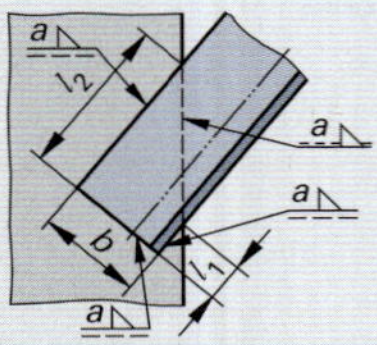

$\sum l$ Summe der Schweißnahtlängen
l_1, l_2 Einzelnahtlängen
b Schenkelbreite
a Nahtdicke

$$\sum l = 2 \cdot l_1 + 2 \cdot b$$

Kehlnaht oder HV-Naht bei geschlitztem Winkelprofil

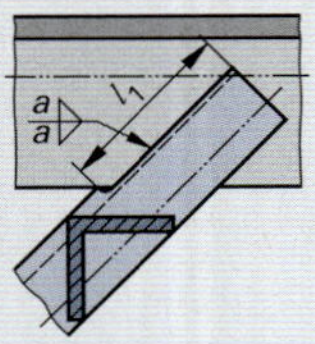

$\sum l$ Summe der Schweißnahtlängen
l_1, l_2 Einzelnahtlängen
a Nahtdicke

$$\sum l = 2 \cdot l_1$$

Konstruktionselemente einer Stahlhalle

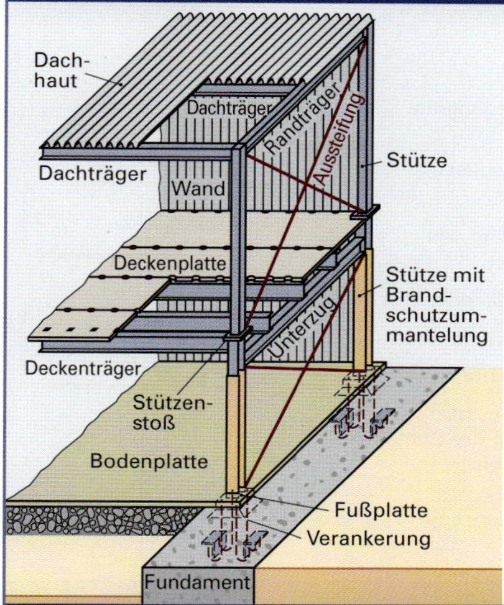

Tragwerk: miteinander verbundene tragende und aussteifende Bauteile wie Stützen, Träger, Unterzüge, Windverbände

Verbindung: Anschluss von Tragwerksteilen aneinander zur Übertragung von Kräften und Momenten oder zur Lagesicherung

Einwirkung: Von außen her das Tragwerk belastende Einflüsse wie Erdanziehung, Wind, Schnee

Auswirkung: im Tragwerk durch die Einwirkungen hervorgerufene Reaktionen wie Kräfte, Momente, Spannungen

Lastaufnehmende Elemente: Bauteile, die die Einwirkungen aufnehmen und diese in das Tragwerk weiterleiten wie Dachhaut, Wände, Bodenplatten

Charakteristische Eigenlasten stabförmiger Bauteile

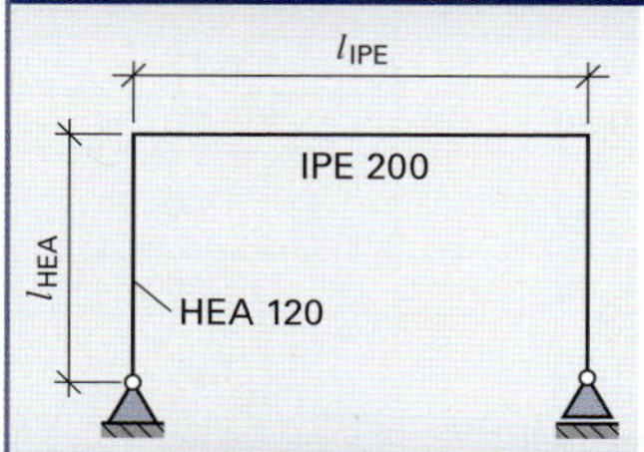

$F_{G,k}$ charakteristischer Wert der Eigenlast

m' längenbezogene Masse des stabförmigen Bauteils

g Fallbeschleunigung

l Länge des stabförmigen Bauteils

$$F_{G,k} = m' \cdot g \cdot l$$

Charakteristische Werte von Nutzlasten

Nutzlasten als Flächenlasten q_k (vertikal wirkend) und als Streckenlasten q_k (horizontal wirkend)

Kategorie	Nutzung		Vertikale Nutzlast auf Flächen q_k in kN/m²	Horizontale Nutzlast auf Absturzsicherungen $\overline{q}_k$ in kN/m
A	Wohnflächen		2,0	0,5
B	Büroflächen		3,0	0,5
C	Flächen mit Personenansammlungen	Bestuhlt	4,0	0,5
		ohne Hindernisse	5,0	3,0
T	Treppen und Treppenpodeste	Wohnflächen	3,0	0,5
		Flächen der Kategorien B und C	5,0	1,0
Z	Zugänge und Balkone		4,0	1,0

Charakteristische Werte von Windlasten

w_e	Windlast
q_p	Geschwindigkeitsdruck
c_{pe}	aerodynamischer Beiwert
z_e	Bezugshöhe des Bauwerks
b	Bauwerksbreite
d	Bauwerkstiefe
h	Bauwerkshöhe
e	Hilfsgröße zur Einteilung der Bauwerksbereiche
A–E	Flächen

$$w_e = q_p\,(z_e) \cdot c_{pe}$$

$$e = \min \begin{cases} b \\ 2 \cdot h \end{cases}$$

Windgeschwindigkeitsdrücke $q_p\,(z_e)$ in kN/m²

Windzone		0 m ≤ h ≤ 10 m	10 m < h ≤ 18 m	18 m < h ≤ 25 m
1	Binnenland	0,50	0,65	0,75
2	Binnenland	0,65	0,80	0,90
	Ostsee, Küste und Inseln	0,85	1,00	1,00
3	Binnenland	0,80	0,95	1,10
	Ostsee, Küste und Inseln	1,05	1,20	1,30
4	Binnenland	0,95	1,15	1,30
	Ostseeküste und -inseln, Nordseeküste	1,25	1,40	1,55
	Nordseeinseln	1,40	–	–

Aerodynamische Beiwerte für vertikale Wandflächen

Wandfläche	A	B	C	D	E
c_{pe}	−1,2	−0,8	−0,5	+0,8	−0,5

Bauwerksmaße und vertikale Wandflächen

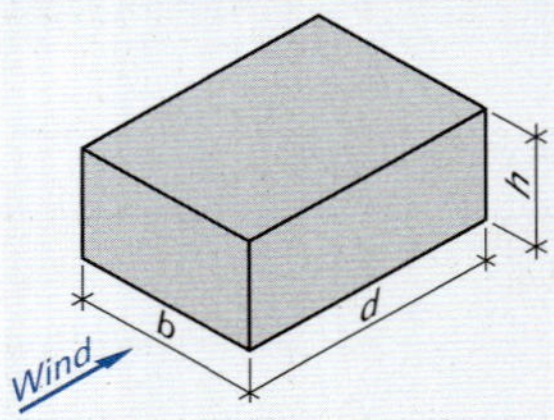

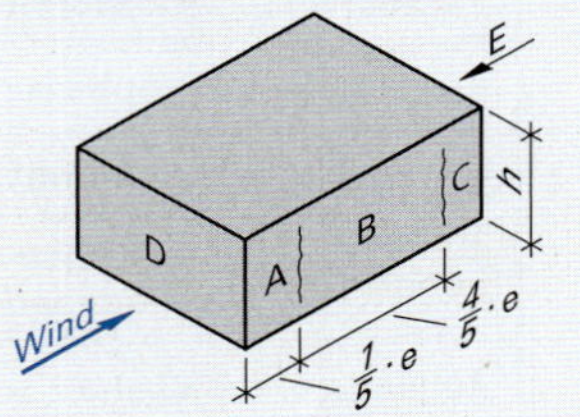

Charakteristische Werte von Schneelasten

s_k Schneelast auf dem Boden

$s_{k,min}$ Mindestwert der Schneelast auf dem Boden

s_i Schneelast auf dem Dach

A_H Standorthöhe über dem Meeresspiegel

μ_i, μ_1 Formbeiwerte

α Neigungswinkel des Daches

Für Zone S1*

$$s_k = 0{,}19 + 0{,}91 \cdot \left(\frac{A_H + 140}{760}\right)^2$$

Für Zone S2*

$$s_k = 0{,}25 + 1{,}90 \cdot \left(\frac{A_H + 140}{760}\right)^2$$

Für Zone S3

$$s_k = 0{,}31 + 2{,}91 \cdot \left(\frac{A_H + 140}{760}\right)^2$$

Mindestwerte der Schneelast auf dem Boden $s_{k,min}$

Zone	Mindestwert $s_{k,min}$ in kN/m²	Höhe über Meeresspiegel A_H in m
1*	0,65	≤ 400
2*	0,85	≤ 285
3	1,10	≤ 255

Für jede Zone gilt:

$$s_k \geq s_{k,min}$$

* Die charakteristischen Werte der Zonen 1a und 2a ergeben sich durch Multiplikation der Werte aus den Zonen 1 und 2 mit dem Faktor 1,25

Dachformen

Flachdach

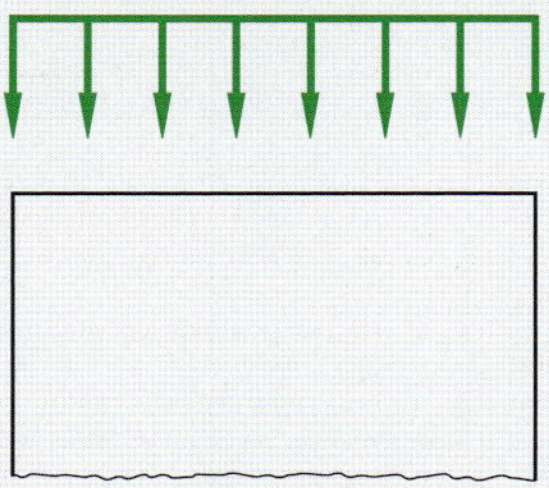

Pultdach

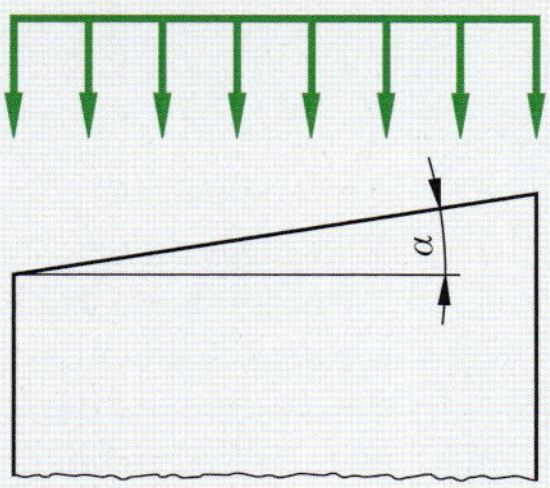

einzelstehendes Satteldach

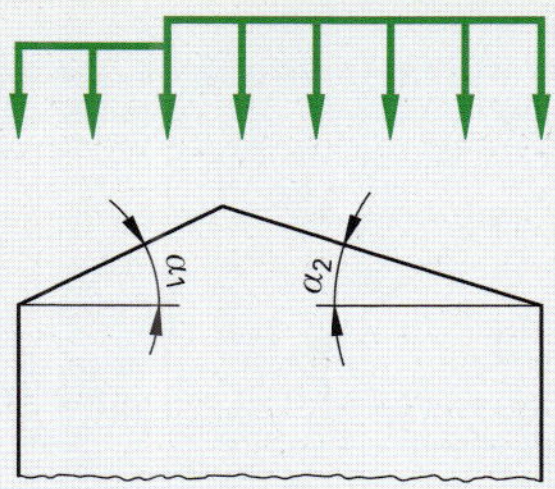

Formbeiwert μ_1 für die dargestellten Dachformen

Dachneigung α	$0° \leq \alpha \leq 30°$	$30° < \alpha \leq 60°$	$60° < \alpha \leq 90°$
μ_1	0,8	$\frac{0{,}8 \cdot (60° - \alpha)}{30°}$	0

$$s_i = \mu_i \cdot s_k$$

Bemessungswerte

Umrechnung einwirkender Lasten in Kräfte

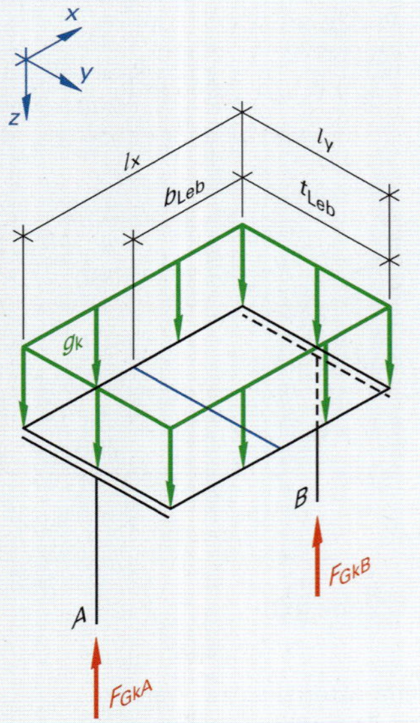

g_k, q_k	charakteristische Flächenlasten
$\overline{g}_k$, $\overline{q}_k$	charakteristische Streckenlasten
$F_{G,k}$, $F_{Q,k}$	charakteristische Punktlasten (Kräfte)
b	Plattenbreite
l	Plattenlänge
b_{Leb}	Breite des Lasteinzugsbereichs
l_{Leb}	Tiefe des Lasteinzugsbereichs
p_k	Flächenpressung
A_{Leb}	Fläche des Lasteinzugsbereichs

$$b_{Leb} = \frac{1}{2} \cdot b$$

$$\overline{g_k} = g_k \cdot b_{Leb}$$

$$\overline{q_k} = q_k \cdot b_{Leb}$$

$$l_{Leb} = \frac{1}{2} \cdot l$$

$$F_{G,k} = \overline{g_k} \cdot l_{Leb}$$

$$F_{Q,k} = \overline{q_k} \cdot l_{Leb}$$

$$F_{G,k} = g_k \cdot b_{Leb} \cdot l_{Leb}$$

$$F_{Q,k} = q_k \cdot b_{Leb} \cdot l_{Leb}$$

$$A_{Leb} = t_{Leb} \cdot b_{Leb}$$

$$p_k = \frac{F_k}{A}$$

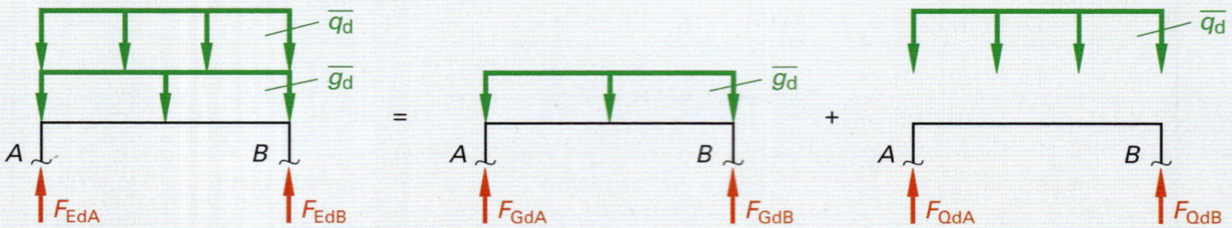

Kräfte im Inneren des Bauteils

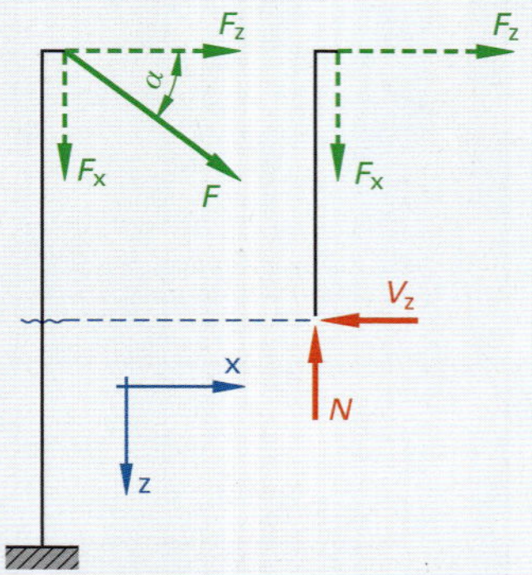

F	Kraft, allgemein
α	Wirkrichtung der Kraft F
F_x	x-Komponente der Kraft F
F_y	y-Komponente der Kraft F
F_z	z-Komponente der Kraft F
N_x	auf die Querschnittsfläche wirkende Normalkraft
V_y	in der Querschnittsfläche wirkende Querkraft in y-Richtung
V_z	in der Querschnittsfläche wirkende Querkraft in z-Richtung

$$N_x = F_x$$

$$V_y = F_y$$

$$V_z = F_z$$

Umrechnung von charakteristischen Kräften in Bemessungskräfte

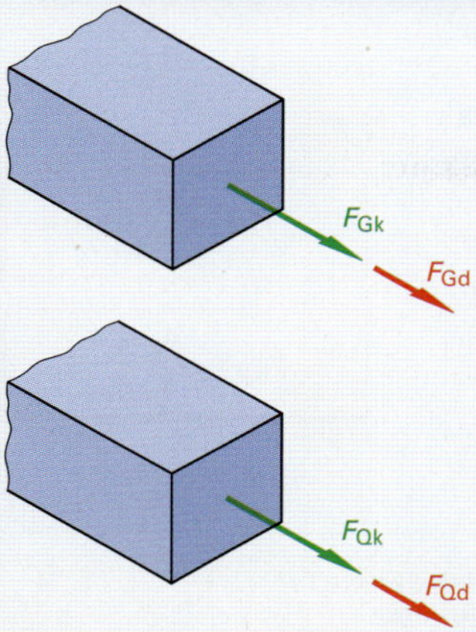

F	Kraft, allgemein
$F_{E,d}$	Bemessungswert der gesamten Einwirkungen
$F_{G,d}$	Bemessungswert der ständigen Last
$F_{Q,d}$	Bemessungswert der veränderlichen Last
γ_G	Teilsicherheitsbeiwert für ständige Lasten
γ_Q	Teilsicherheitsbeiwert für veränderliche Lasten
ψ_0	Kombinationsbeiwert für veränderliche Lasten

$$F_{G,d} = \gamma_G \cdot F_{G,k}$$

$$F_{Q,d} = \gamma_Q \cdot \psi_0 \cdot F_{Q,k}$$

Teilsicherheitsbeiwerte γ für Einwirkungen	
ständige Einwirkung	$\gamma_G = 1,35$
veränderliche Einwirkung	$\gamma_Q = 1,5$

Kombinationsbeiwerte ψ_0	
Einzelne Last, Leitlast	$\psi_0 = 1,0$
Nutzlast	$\psi_0 = 0,7$
Windlast	$\psi_0 = 0,6$
Schneelast	$\psi_0 = 0,5$

Bemessungswert der gesamten Einwirkungen

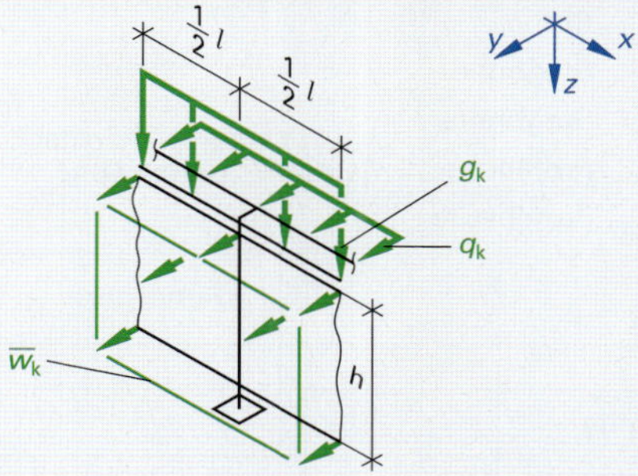

$$F_{E,d} = \sum F_{G,d} + \sum F_{Q,d}$$

$$F_{E,d} = F_{G,d,1} + F_{G,d,2} + \ldots + F_{Q,d,1} + F_{Q,d,2} + \ldots$$

$$F_{E,d} = \gamma_G \cdot F_{G,k,1} + \gamma_G \cdot F_{G,k,2} + \ldots + \gamma_Q \cdot \psi_0 \cdot F_{Q,k,1} + \gamma_Q \cdot \psi_0 \cdot F_{Q,k,2} + \ldots$$

Beanspruchbarkeit von Querschnitten

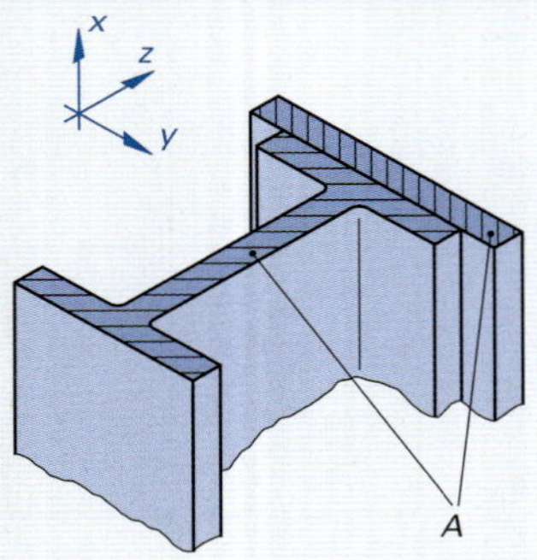

$N_{R,d}$ Grenzwert der Normalkraft
$V_{R,d}$ Grenzwert der Querkraft
A wirksame Querschnittsfläche
A_v wirksame Schubfläche
f_y Materialkennwert der Streckgrenze
f_u Materialkennwert der Zugfestigkeit
γ_M Teilsicherheitsbeiwerte für Widerstandsgrößen

$$N_{R,d} = \frac{A \cdot f_y}{\gamma_{M0}}$$

$$V_{R,d} = \frac{A_v \cdot f_y}{\sqrt{3} \cdot \gamma_{M0}}$$

Materialkennwerte

Werkstoff	Streckgrenze f_y in kN/cm²	Zugfestigkeit f_u in kN/cm²
S235	23,5	36,0
S275	27,5	43,0
S355	35,5	49,0

Teilsicherheitsbeiwerte für Widerstandsgrößen

Beanspruchbarkeit, allgemein	$\gamma_{M0} = 1{,}0$
Beanspruchbarkeit auf Stabilität	$\gamma_{M1} = 1{,}1$
Beanspruchbarkeit auf Bruch durch Zugbelastung	$\gamma_{M2} = 1{,}25$

Wirksame Schubfläche A_v häufig verwendeter Profile

A Querschnittsfläche
h_w Steghöhe
t_w Stegbreite
h Profilhöhe
b Profilbreite

Profil	Lastrichtung	Schubfläche
I, H	‖ zum Steg	$h_w \cdot t_w$
	‖ zum Flansch	$A - h_w \cdot t_w$
Quadrat-, Rechteckhohlprofile	‖ zur Profilhöhe	$\frac{A \cdot h}{b + h}$
	‖ zur Profilbreite	$\frac{A \cdot b}{b + h}$
Rundrohre	beliebig	$\frac{2 \cdot A}{\pi}$

Profile

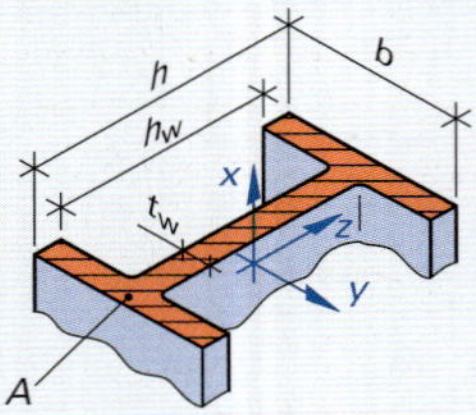

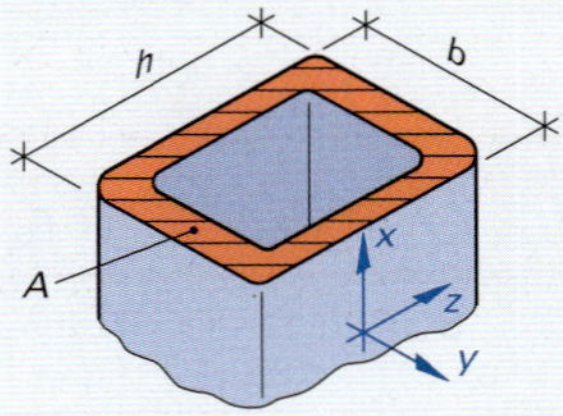

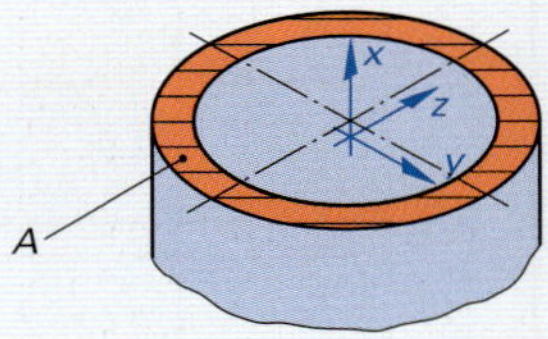

Tragsicherheitsnachweis nach dominierender innerer Kraft

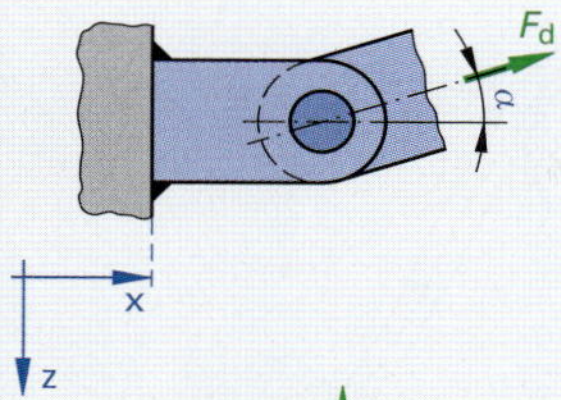

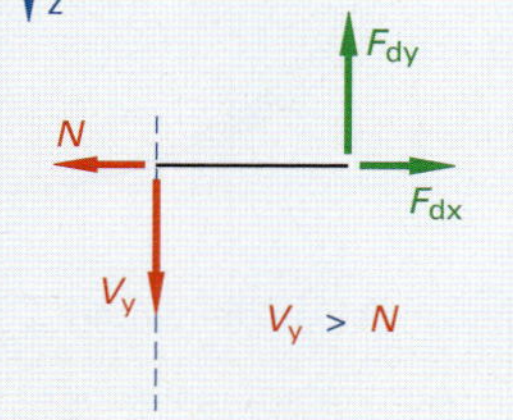

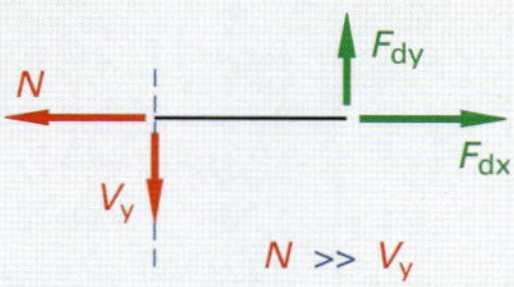

$F_{E,d}$	Bemessungswert der Einwirkung
$F_{R,d}$	Bemessungswert des Widerstands
$N_{E,d}$	Bemessungswert der Normalkraft aus allen Einwirkungen
$N_{R,d}$	Bemessungswert der vom Querschnitt aufnehmbaren Normalkraft
$V_{E,d}$	Bemessungswert der Querkraft aus allen Einwirkungen
$V_{R,d}$	Bemessungswert der vom Querschnitt aufnehmbaren Querkraft
A	vorhandene Querschnittsfläche
A_v	vorhandene wirksame Schubfläche
f_y	Materialkennwert Streckgrenze
γ_{M0}	Teilsicherheitsbeiwert für Widerstandsgrößen

$$F_{E,d} \leq F_{R,d}$$

$$N_{E,d} \leq N_{R,d}$$

$$N_{E,d} \leq \frac{A \cdot f_y}{\gamma_{M0}}$$

$$V_{E,d} \leq V_{R,d}$$

$$V_{E,d} = \frac{A_v \cdot f_y}{\sqrt{3} \cdot \gamma_{M0}}$$

$$A_{erf} = \frac{N_{E,d} \cdot \gamma_{M0}}{f_y}$$

$$A_{verf} = \frac{V_{E,d} \cdot \sqrt{3} \cdot \gamma_{M0}}{f_y}$$

Knickfestigkeit

Belastungsfall

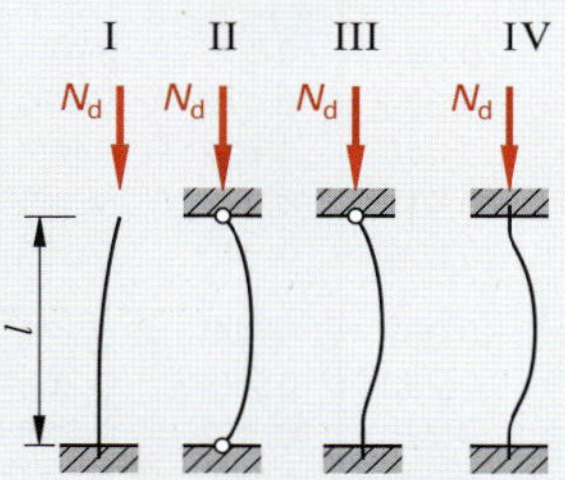

$\beta=2$ $\beta=1$ $\beta=0{,}7$ $\beta=0{,}5$

Knicklänge L_{cr}

$L_{cr}=2l$ $L_{cr}=l$ $L_{cr}=0{,}7l$ $L_{cr}=0{,}5l$

Bezugsschlankheitsgrad λ_1

Material	λ_1
S235	93,9
S275	86,8
S355	76,4

$N_{E,d}$	Bemessungswert der einwirkenden Normalkraft
$N_{b,R,d}$	Knickbeanspruchbarkeit
l	Stablänge
L_{cr}	Knicklänge
A	Querschnittsfläche
i_{min}	kleinster Trägheitradius des Stabprofils
f_y	Materialkennwert Streckgrenze
β	Knicklängenbeiwert
λ_1	Bezugsschlankheitsgrad
$\bar{\lambda}$	bezogener Schlankheitsgrad
χ	Abminderungsfaktor
γ_{M0}	Teilsicherheitsbeiwert für Stabilitätsbeanspruchung

$$N_{E,d} = \gamma_G \cdot N_{G,k} + \gamma_Q \cdot N_{Q,k}$$

$$L_{cr} = \beta \cdot l$$

$$\bar{\lambda} = \frac{L_{cr}}{i_{min} \cdot \lambda_1}$$

$$N_{b,R,d} = \frac{\chi \cdot A \cdot f_y}{\gamma_{M1}}$$

$$\frac{N_{E,d}}{N_{b,R,d}} \leq 1{,}0$$

Knickfestigkeit

Biegeknicknachweis

1. Schritt: Bestimmung des Bemessungswertes der beanspruchenden Normalkraft N_{Ed}

2. Schritt: Ermittlung der Knicklänge L_{cr}

3. Schritt: Berechnung des bezogenen Schlankheitsgrades λ

4. Schritt: Zuordnung des Stabquerschnitts zu einer Knickspannungslinie

5. Schritt: Bestimmung des Abminderungsfaktors χ

6. Schritt: Berechnung der Knickbeanspruchbarkeit $N_{b,R,d}$

7. Schritt: Nachweis der Biegeknicksicherheit

Zuordnung der Querschnitte zu den Knickspannungslinien

Querschnitte	Ausweichen ⊥ zur Achse	Knickspannungslinie
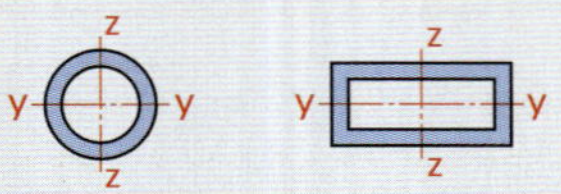	y – y z – z	a
Gewalzte I-Träger	y – y	a
$h/b < 1,2$; $t \leq 40$ mm	z – z	b
$h/b > 1,2$; $40 \leq t \leq 80$ mm	y – y	b
$h/b \leq 1,2$; $t \leq 80$ mm	z – z	c
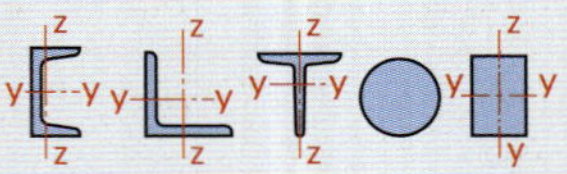	y – y z – z	c

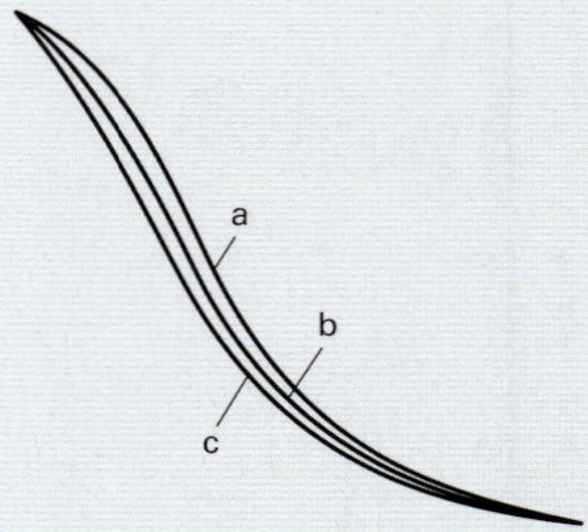

Bezogener Schlankheitsgrad $\overline{\lambda}_k$

$\overline{\lambda}_k$	Abminderungsfaktor κ für Knickspannungslinie a	b	c
0,2	1,000	1,000	1,000
0,3	0,978	0,964	0,949
0,4	0,953	0,926	0,897
0,5	0,924	0,884	0,843
0,6	0,890	0,837	0,785
0,7	0,848	0,784	0,725
0,8	0,796	0,724	0,662
0,9	0,734	0,661	0,600
1,0	0,666	0,597	0,540
1,1	0,596	0,535	0,484
1,2	0,530	0,478	0,434
1,3	0,470	0,427	0,389
1,4	0,418	0,382	0,349
1,5	0,372	0,342	0,315
1,6	0,333	0,308	0,284
1,7	0,299	0,278	0,258
1,8	0,270	0,252	0,235
1,9	0,245	0,229	0,214
2,0	0,223	0,209	0,196
2,1	0,204	0,192	0,180
2,2	0,187	0,176	0,166
2,3	0,172	0,163	0,154
2,4	0,159	0,151	0,142
2,5	0,147	0,140	0,132
2,6	0,136	0,130	0,123
2,7	0,127	0,121	0,115
2,8	0,118	0,113	0,108
2,9	0,111	0,106	0,101
3,0	0,104	0,099	0,095

Festigkeit von Schweißverbindungen

Stumpfnaht
$A = t \cdot l$

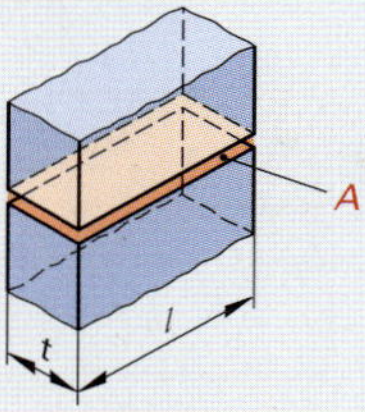

Kehlnaht
$A = a \cdot l$

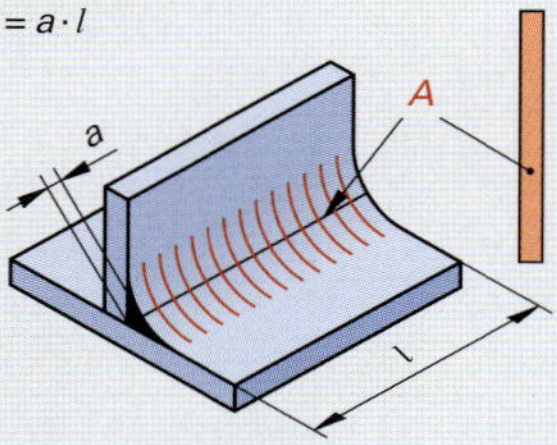

$F_{w,Ed}$ bezogener Bemessungswert der Einwirkungen

$F_{w,Rd}$ bezogener Bemessungswert der Nahtwiderstandskraft

F_{Ed} Bemessungswert der Kraft aus allen Einwirkungen

a Nahtdicke

l gesamte Nahtlänge

l_{eff} effektiv wirksame Nahtlänge

f_u Materialkennwert der Zugfestigkeit

β_w Korrelationsbeiwert

γ_{M2} Teilsicherheitsbeiwert für Widerstandsgrößen für Bruchversagen durch Zug

$$F_{w,Ed} \leq F_{w,Rd}$$

$$F_{w,Ed} = \frac{F_{Ed}}{l_{eff}}$$

Voll ausgeführte Naht

$$l_{eff} = l$$

Normal ausgeführte Naht

$$l_{eff} = l - 2 \cdot a$$

$$F_{w,Rd} = \frac{a \cdot f_u}{\sqrt{3} \cdot \beta_w \cdot \gamma_{M2}}$$

Zugfestigkeit f_u und Korrelationsbeiwert β_w

Stahl	f_u in kN/cm²	β_w
S235	36	0,8
S275	43	0,85
S355	49	0,9

Festigkeit von Schraubenverbindungen

Zugbeanspruchung

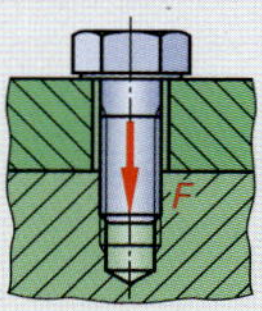

$F_{t,Ed}$ Bemessungswert der wirkenden Zugkraft

$F_{t,Rd}$ Grenzzugkraft

$$F_{t,Ed} \leq F_{t,Rd}$$

Grenzzugkraft $F_{t,Rd}$ in kN

Festigkeitsklasse	Schraubengröße				
	M12	M16	M20	M24	M36
4.6	24,3	45,2	70,6	101,7	235,3
5.6	30,3	56,5	88,2	127,1	294,1
8.8	48,6	90,4	141,1	203,3	470,6
10.9	60,7	113,0	176,4	254,2	588,2

Festigkeit von Schraubenverbindungen

Abscherbeanspruchung

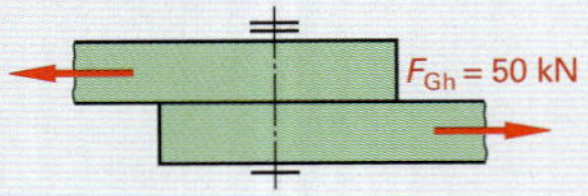

DIN 931 – M16 x 45 – 8.8

$F_{v,Ed}$ Bemessungswert der Abscherkraft

$F_{v,Rd}$ Bemessungswert der Abscher-Widerstandskraft je Scherfuge

$F_{v,Rd,ges}$ Bemessungswert der gesamten Abscher-Widerstandskraft

m Anzahl Scherfugen

n Anzahl Schrauben

$$F_{v,Rd,ges} = n \cdot m \cdot F_{v,Rd}$$

$$F_{v,Ed} \leq F_{v,Rd,ges}$$

Bemessungswert der Abscher-Widerstandskraft $F_{v,Rd}$ in kN je Scherfuge

Lage der Scherfuge	Schrauben-festigkeitsklasse	Schraubengröße				
		M12	M16	M20	M24	M36
Im Schaft	5.6	27,1	48,2	75,4	108,5	244,3
	8.8	43,4	77,2	120,6	173,6	390,9
	10.9	54,2	96,5	150,7	217,0	488,6
Im Gewinde	5.6	20,2	37,7	58,8	84,7	196,1
	8.8	32,4	60,3	94,1	135,6	313,7
	10.9	33,7	62,8	98,0	141,2	326,8
Im Schaft (Passschraube)	5.6	31,9	54,5	83,0	117,8	258,0
	8.8	51,1	87,2	132,9	188,5	412,8
	10.9	63,8	109,0	166,1	235,7	516,0

Lochleibungsbeanspruchung

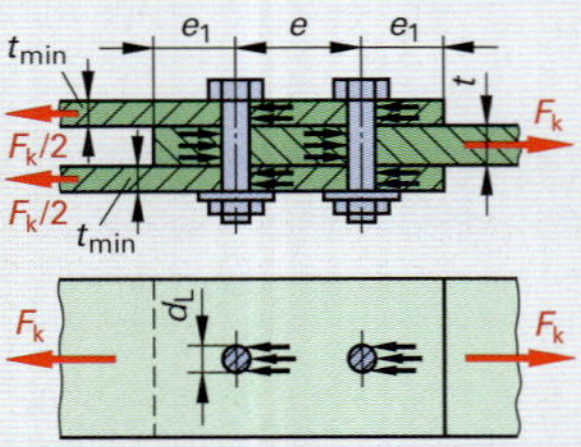

$F_{b,Ed}$ Bemessungswert der Lochleibungskraft

$F_{b,Rd}$ Bemessungswert der Lochleibungs-Widerstandskraft

$F_{b,Rd,ges}$ Bemessungswert der gesamten Lochleibungs-Widerstandskraft

t_{min} kleinste Materialstärke

n Anzahl der Schrauben

$$F_{b,Rd} = n \cdot t_{min} \cdot F_{b,Rd}$$

$$F_{b,Ed} \leq F_{b,Rd}$$

Bemessungswert der Lochleibungs-Widerstandskraft $F_{b,Rd}$ in kN/cm Materialstärke

Material der Anschlussbauteile	Verbindungs-art	Schraubengröße				
		M12	M16	M20	M24	M36
S235	SL	44,86	56,53	73,09	89,72	134,60
	SLP	48,60	65,40	82,20	99,00	137,40
S275	SL	53,56	67,50	87,27	107,13	160,71
	SLP	58,03	78,09	98,15	118,21	164,06
S355	SL	61,05	76,94	99,46	122,11	183,19
	SLP	66,14	89,01	111,87	134,74	187,00

SL: Scher-Lochleibungsverbindung mit normalen Schrauben
SLP: Scher-Lochleibungsverbindung mit Passschrauben

Beanspruchung auf Zug

Allgemeine Bauteile

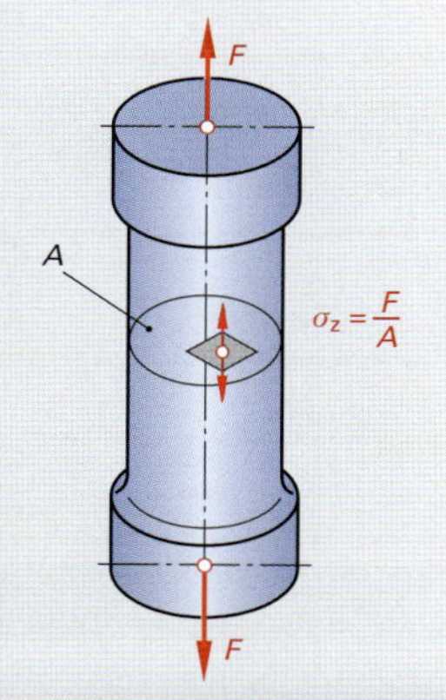

σ_z	Zugspannung
$\sigma_{z\,zul}$	zulässige Zugspannung
R_m	Zugfestigkeit
R_e	Streckgrenze
F	Zugkraft
A	Querschnittsfläche
ν	Sicherheitszahl
ε	Dehnung
L_0	Anfangslänge
L	Messlänge (nach Versuch)

$$\sigma_z = \frac{F}{A}$$

Für Stahl

$$\sigma_{z\,zul} = \frac{R_e}{\nu}$$

Für Gusseisen

$$\sigma_{z\,zul} = \frac{R_m}{\nu}$$

$$\varepsilon = \frac{L - L_0}{L_0} \cdot 100\,\%$$

Beanspruchung auf Druck

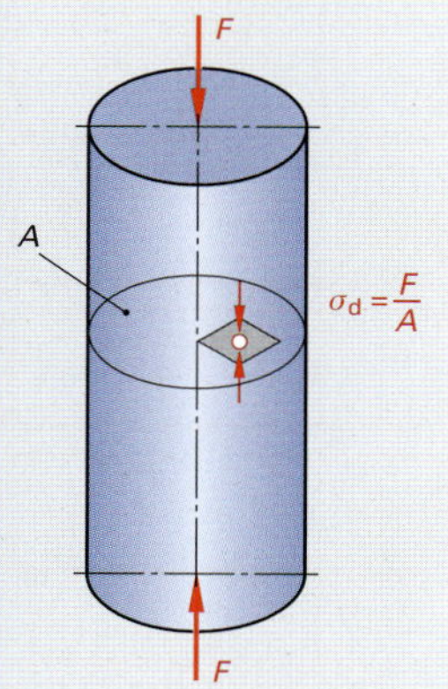

F	Druckkraft
A	Querschnittsfläche
R_m	Zugfestigkeit
R_e	Streckgrenze
σ_d	Druckspannung
$\sigma_{d\,zul}$	zulässige Druckspannung
σ_{dB}	Druckfestigkeit
σ_{dF}	Quetschgrenze
ν	Sicherheitszahl

$$\sigma_d = \frac{F}{A}$$

$$\sigma_{d\,zul} = \frac{\sigma_{dB}}{\nu}$$

Für Stahl

$$\sigma_{d\,zul} = \frac{\sigma_{dF}}{\nu}$$

$$\sigma_{d\,zul} = \frac{R_e}{\nu}$$

Für Gusseisen

$$\sigma_{d\,zul} \approx \frac{4 \cdot R_m}{\nu}$$

Beanspruchung auf Flächenpressung

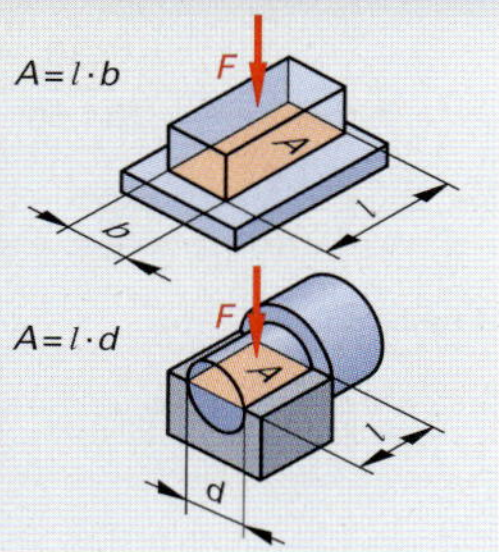

F	Kraft
A	Berührungsfläche (projizierte Fläche)
p	Flächenpressung, Lochleibungsdruck

$$p = \frac{F}{A}$$

$$F = p \cdot A$$

Beanspruchung auf Schub (Scherung)

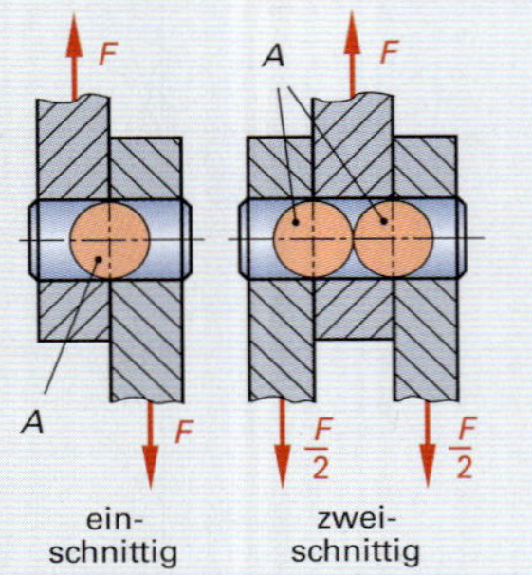

τ_a	Scherspannung
$\tau_{a\,zul}$	zulässige Scherspannung
τ_{aB}	Scherfestigkeit
F	Scherkraft
A	Scherfläche
ν	Sicherheitszahl
R_m	Zugfestigkeit
R_e	Streckgrenze

$$\tau_a = \frac{F}{A}$$

Scherschneiden

$$\tau_{a\,zul} = \frac{\tau_{aB}}{\nu}$$

$$\tau_{aB} \approx 0{,}8 \cdot R_m$$

Abscheren

$$\tau_{a\,zul} = \frac{R_e}{\nu}$$

Festigkeit von Schweißverbindungen

Stumpfnaht

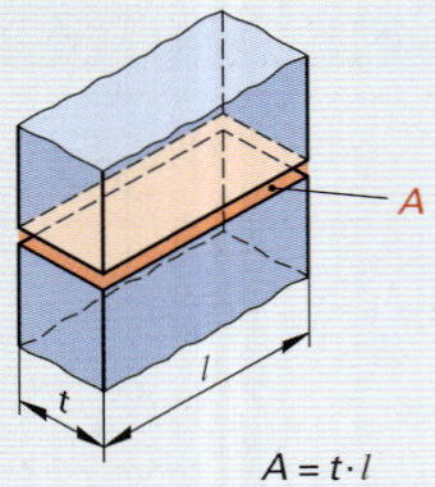

Kehlnaht

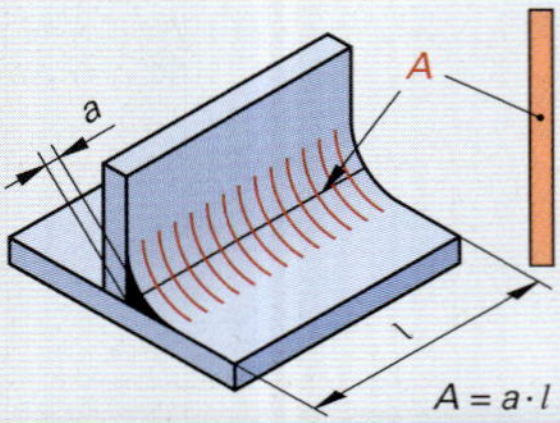

F	Kraft
A	Spannungsquerschnitt
L	Schweißnahtlänge
l	tragende Schweißnahtlänge
a	Nahtdicke
t	Blechdicke
σ_w	Spannung
τ_w	Scherspannung

$$\sigma_w = \frac{F}{A}$$

$$\tau_w = \frac{F}{A}$$

$$A = t \cdot l = a \cdot l$$

$$l = L - 2 \cdot a$$

Schneiden von Werkstoffen

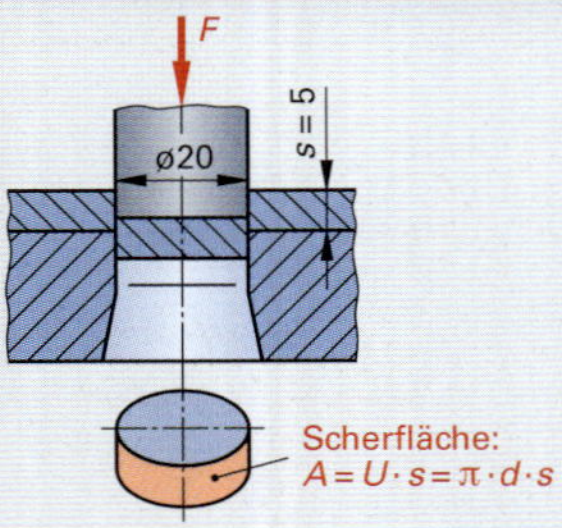

F	Schneidkraft
A	Schnittfläche
$R_{m\,max}$	maximale Zugfestigkeit
$\tau_{aB\,max}$	maximale Scherfestigkeit

$$F = A \cdot 1{,}2 \cdot \tau_{aB\,max}$$

Für Stahl

$$\tau_{aB\,max} = 0{,}8 \cdot R_{m\,max}$$

Beanspruchung auf Biegung

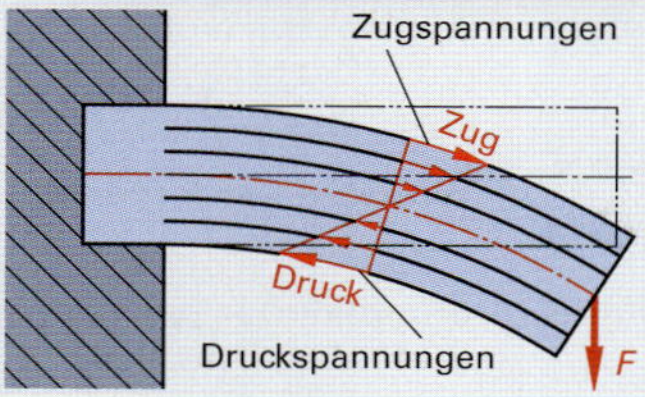

Bei Beanspruchung auf Biegung treten im Bauteil im oberen Bereich Zugspannungen und im unteren Bereich Druckspannungen auf.

σ_b Biegespannung
M_b Biegemoment
W axiales Widerstandsmoment
F Kraft
l wirksame Hebellänge

$$\sigma_b = \frac{M_b}{W}$$

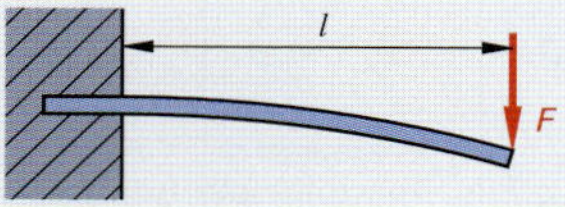

Träger mit Einzellast belastet einseitig eingespannt

$$M_b = F \cdot l$$

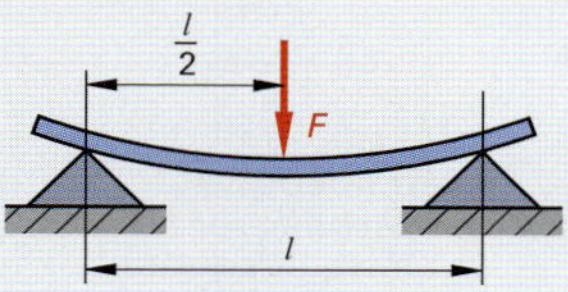

Träger mit Einzellast belastet auf zwei Stützen frei aufliegend

$$M_b = \frac{F \cdot l}{4}$$

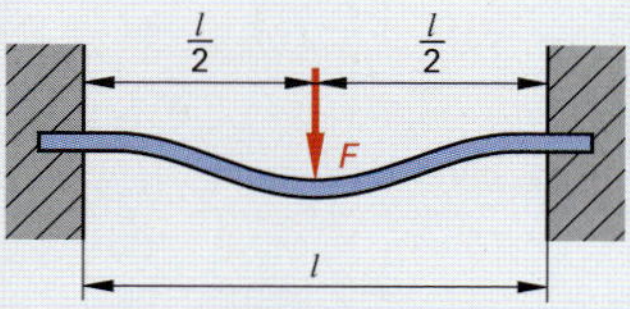

Träger mit Einzellast belastet doppelseitig eingespannt

$$M_b = \frac{F \cdot l}{8}$$

Axiale Widerstandsmomente *W* verschiedener Querschnitte

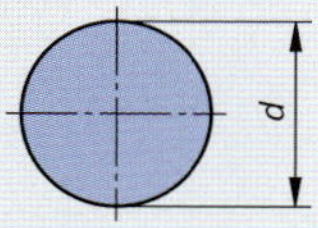

$$W = \frac{\pi \cdot d^3}{32}$$

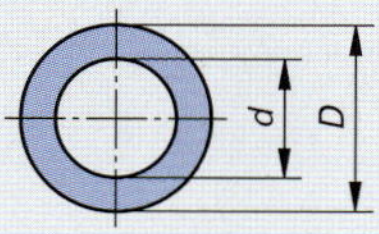

$$W = \frac{\pi \cdot (D^4 - d^4)}{32 \cdot D}$$

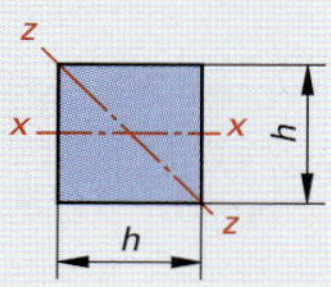

$$W_x = \frac{h^3}{6}$$

$$W_z = \frac{\sqrt{2} \cdot h^3}{12}$$

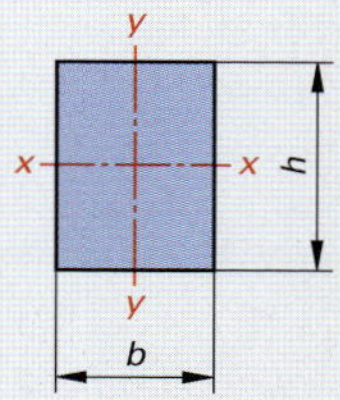

$$W_x = \frac{b \cdot h^2}{6}$$

$$W_y = \frac{h \cdot b^2}{6}$$

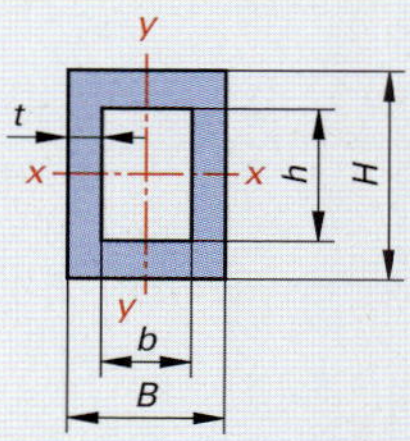

$$W_x = \frac{B \cdot H^3 - b \cdot h^3}{6 \cdot H}$$

$$W_y = \frac{H \cdot B^3 - h \cdot b^3}{6 \cdot B}$$

Beanspruchung auf Torsion (Verdrehung)

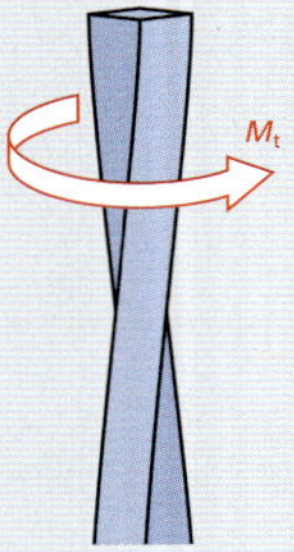

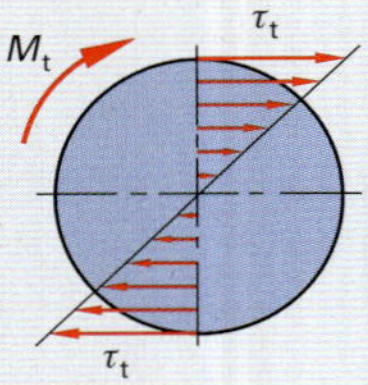

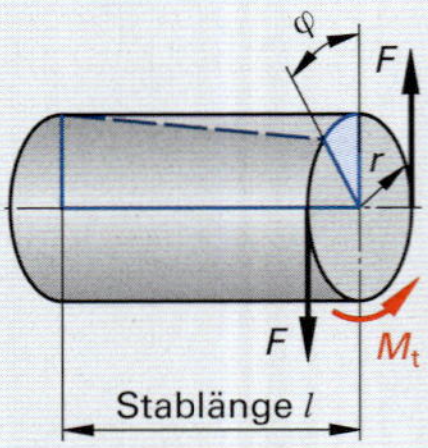

Wirkt auf ein Bauteil ein Drehmoment, so wird dies als Torsion bezeichnet.

τ_t	Torsionsspannung	N/mm²
$\tau_{t\,zul}$	zulässige Torsionsspannung	N/mm²
τ_{tF}	Torsionsfließgrenze ($\tau_{tF} \approx 0{,}7 \cdot R_e$)	N/mm²
M_t	Torsionsmoment	N · m
W_p	Polares Widerstandsmoment	mm³
W_{erf}	erforderliches polares Widerstandsmoment	mm³
υ	Sicherheitszahl	–
F	Kraft	N
d_{erf}	erforderlicher Durchmesser für Kreisquerschnitt	mm
r	Hebelarm (Radius)	mm
l	Stablänge	mm
φ	Verdrehwinkel	°

Der Schubmodul G ist eine Werkstoffkonstante.
Für Stahlwerkstoffe gilt:
$G = 80\,000$ N/mm²

Torsionsspannung

$$\tau_t = \frac{M_t}{W_p}$$

erforderliches polares Widerstandsmoment

$$W_{p\,erf} = \frac{M_t}{\tau_{t\,zul}}$$

zulässige Torsionsspannung

$$\tau_{t\,zul} = \frac{\tau_{tF}}{\upsilon}$$

erforderlicher Durchmesser für Kreisquerschnitt

$$d_{erf} = \sqrt[3]{\frac{16 \cdot M_t}{\pi \cdot \tau_{t\,zul}}}$$

Verdrehwinkel

$$\varphi = \frac{M_t \cdot l}{G \cdot I_t} \cdot \frac{180°}{\pi}$$

Polares Widerstandsmoment W_p für Torsion

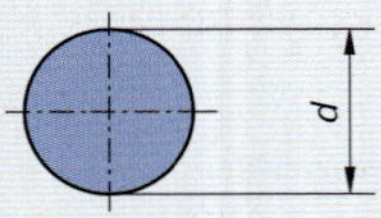

$$W_p = \frac{\pi \cdot d^3}{16}$$

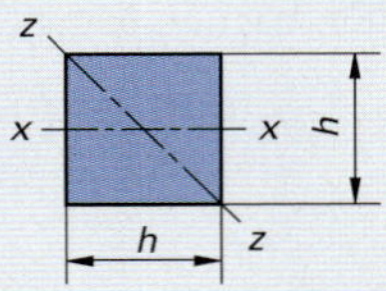

$$W_p = 0{,}208 \cdot h^3$$

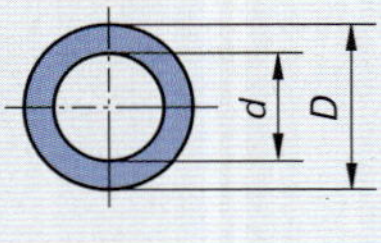

$$W_p = \frac{\pi \cdot (D^4 - d^4)}{16 \cdot D}$$

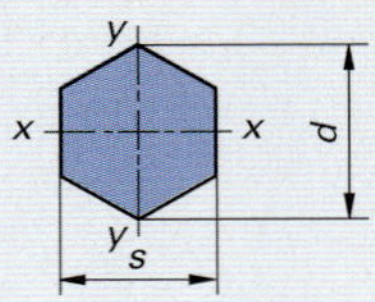

$$W_p = 0{,}188 \cdot s^3$$

$$W_p = 0{,}123 \cdot d^3$$

Zahnradmaße für außenverzahnte Stirnräder mit Geradverzahnung

m	Modul
p	Teilung
d	Teilkreisdurchmesser
d_a	Kopfkreisdurchmesser
d_f	Fußkreisdurchmesser
z	Zähnezahl
h	Zahnhöhe
h_a	Zahnkopfhöhe
h_f	Zahnfußhöhe
c	Kopfspiel
a	Achsabstand

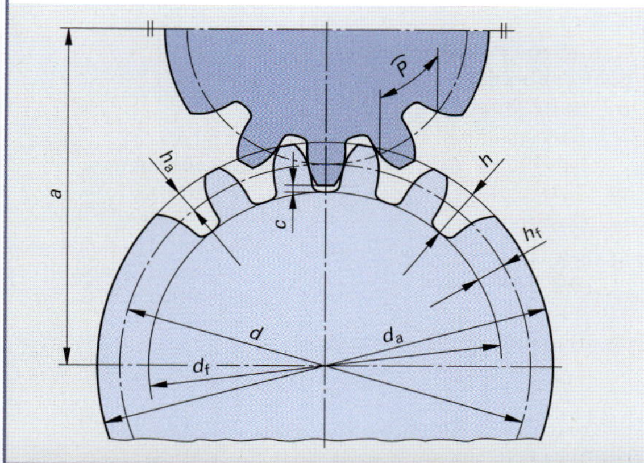

$$m = \frac{p}{\pi} = \frac{d}{z}$$

$$p = \pi \cdot m$$

$$z = \frac{d}{m} = \frac{d_a - 2 \cdot m}{m}$$

$$d = m \cdot z$$

$$d_a = d + 2 \cdot m$$
$$d_a = m \cdot (z + 2)$$

$c = 0{,}1 \cdot m$ bis $0{,}3 \cdot m$
häufig $c = 0{,}167 \cdot m$

$$d_f = d - 2 \cdot (m + c)$$

$$h = 2 \cdot (m + c)$$

$$h_f = m + c$$

$$h_a = m$$

Achsabstand

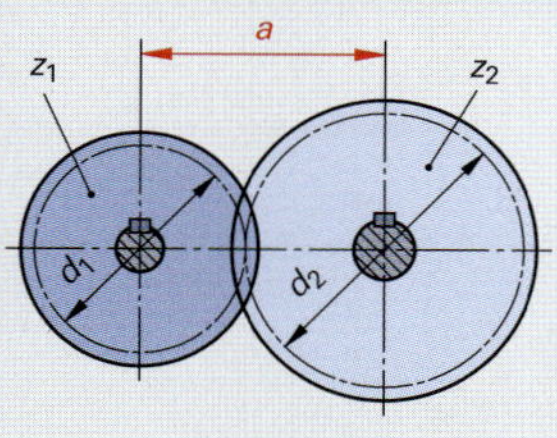

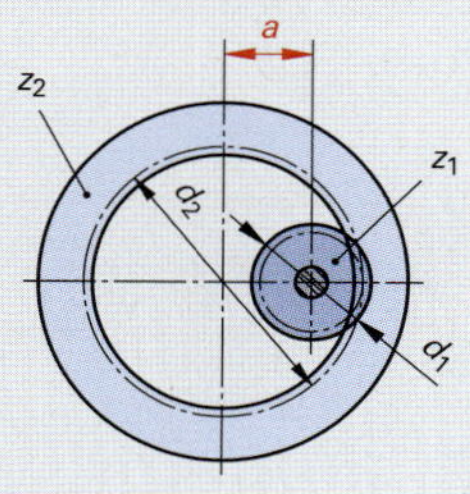

a	Achsabstand	
m	Modul	
d_1	Teilkreisdurchmesser	des treibenden Rades
z_1	Zähnezahl	des treibenden Rades
d_2	Teilkreisdurchmesser	des getriebenen Rades
z_2	Zähnezahl	des getriebenen Rades

Achsabstand mit *außenliegendem* Gegenrad

$$a = \frac{d_1 + d_2}{2} = \frac{m\,(z_1 + z_2)}{2}$$

Achsabstand mit *innenliegendem* Gegenrad

$$a = \frac{d_2 - d_1}{2} = \frac{m\,(z_2 - z_1)}{2}$$

Einfache Übersetzungen

Flachriementrieb, Zahnradtrieb

Flachriementrieb

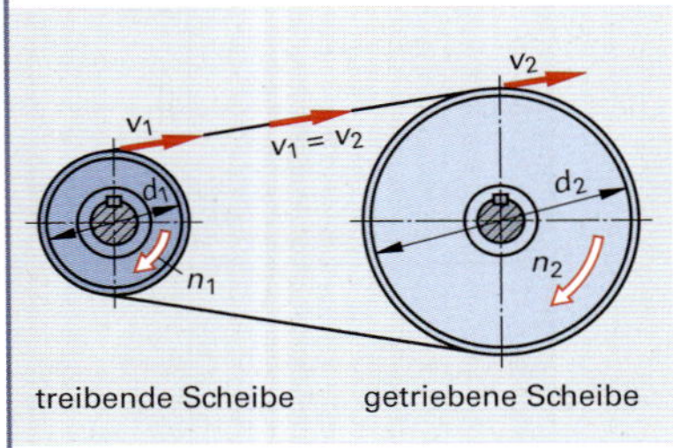

i Übersetzungsverhältnis
v Umfangsgeschwindigkeit

Treibende Riemenscheiben oder Zahnräder

d_1 Durchmesser, Teilkreisdurchmesser
z_1 Zähnezahl
n_1 Drehzahl
v_1 Umfangsgeschwindigkeit

$$v = v_1 = v_2$$

$$i = \frac{n_1}{n_2} = \frac{d_2}{d_1} = \frac{z_2}{z_1}$$

Zahnradtrieb

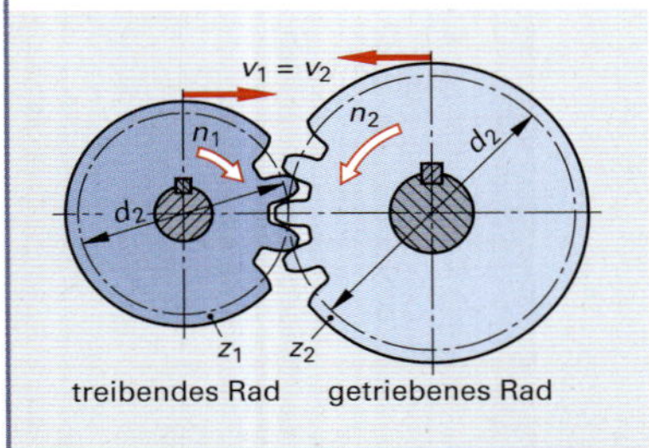

Getriebene Riemenscheiben oder Zahnräder

d_2 Durchmesser, Teilkreisdurchmesser
z_2 Zähnezahl
n_2 Drehzahl
v_2 Umfangsgeschwindigkeit

Übersetzungsverhältnis		
$i < 1$	$i > 1$	$i = 1$
Übersetzung ins Schnelle	Übersetzung ins Langsame	keine Drehzahländerung

Schneckentrieb

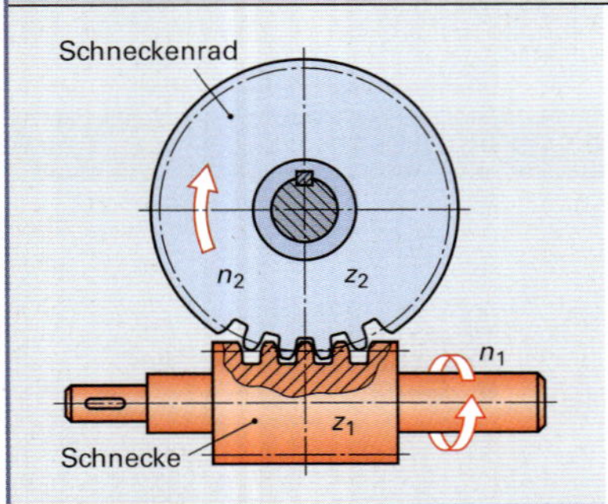

z_1 Zähnezahl (Gangzahl) der Schnecke
z_2 Zähnezahl des Schneckenrades
n_1 Drehzahl der Schnecke
n_2 Drehzahl des Schneckenrades

$$i = \frac{n_1}{n_2} = \frac{z_2}{z_1}$$

Zahnstangentrieb

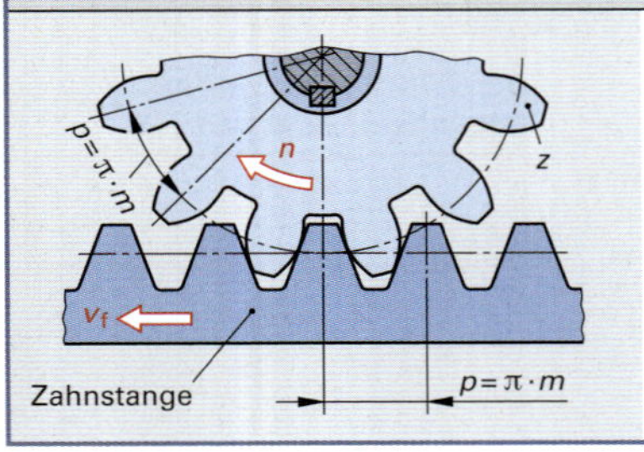

m Modul
p Teilung
s Weg der Zahnstange
α Drehwinkel des Zahnrades
n Drehzahl des Zahnrades
z Zähnezahl des Zahnrades
d Teilkreisdurchmesser des Zahnrades
v_f Vorschubgeschwindigkeit

$$s = z \cdot p \cdot \frac{\alpha}{360°}$$

Bohren, Reiben, Senken

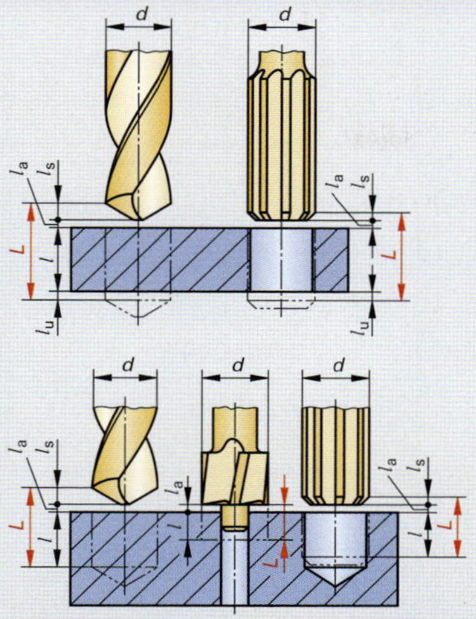

- t_h Hauptnutzungszeit
- L Vorschubweg
- i Anzahl der Bohrungen
- n Drehzahl
- f Vorschub je Umdrehung
- v_c Schnittgeschwindigkeit
- l Bohrungstiefe
- l_a Anlauf
- l_u Überlauf
- l_s Anschnitt
- σ Spitzenwinkel
- d Werkzeugdurchmesser

Anschnitt l_s			
σ	l_s	σ	l_s
80°	$0{,}6 \cdot d$	130°	$0{,}23 \cdot d$
118°	$0{,}3 \cdot d$	140°	$0{,}18 \cdot d$

$$t_h = \frac{L \cdot i}{n \cdot f}$$

$$n = \frac{v_c}{\pi \cdot d}$$

Durchgangsbohrung:

$$L = l + l_s + l_a + l_u$$

Grundlochbohrung:

$$L = l + l_s + l_a$$

Senkung:

$$L = l + l_s$$

Längs-Runddrehen und Quer-Plandrehen mit konstanter Schnittgeschwindigkeit

- t_h Hauptnutzungszeit
- d Außendurchmesser
- d_1 Innendurchmesser
- d_m mittlerer Durchmesser
- d_g Übergangsdurchmesser
- v_c Schnittgeschwindigkeit
- f Vorschub
- n_m mittlere Drehzahl
- n_g Grenzdrehzahl
- i Anzahl der Schnitte
- a Spanungstiefe
- L Vorschubweg
- l_a Anlauf
- l_u Überlauf

Übergangsdurchmesser

$$d_g = \frac{v_c}{\pi \cdot n_g}$$

Hauptnutzungszeit

$$t_h = \frac{\pi \cdot d_m \cdot L \cdot i}{v_c \cdot f}$$

Spanungstiefe beim Längs-Runddrehen

$$a = \frac{d - d_1}{2 \cdot i}$$

Längs-Runddrehen

ohne Ansatz

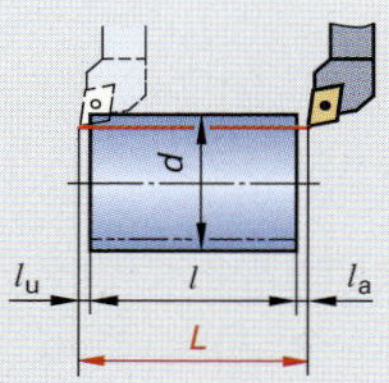

mit Ansatz

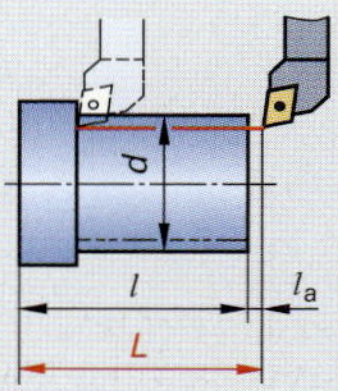

Quer-Plandrehen

Vollzylinder mit Ansatz

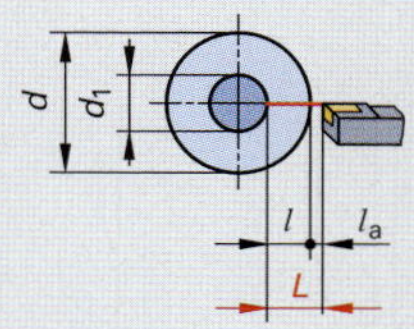

Hohlzylinder

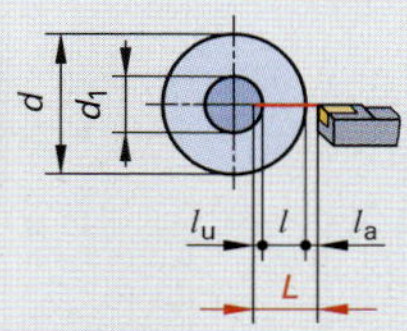

Längs-Runddrehen: ohne Ansatz	Längs-Runddrehen: mit Ansatz	Quer-Plandrehen: Vollzylinder mit Ansatz	Quer-Plandrehen: Hohlzylinder
$L = l + l_a + l_u$	$L = l + l_a$	$L = \frac{d - d_1}{2} + l_a$	$L = \frac{d + d_1}{2} + l_a - l_u$
$d_m = d - a \cdot (i + 1)$		$d_m = \frac{d + d_1}{2} + l_a$	$d_m = \frac{d + d_1}{2} + l_a - l_u$

Druck, Druckeinheiten

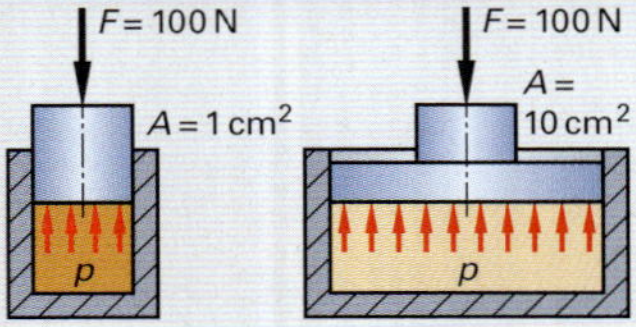

$p = \frac{F}{A} = \frac{100\,N}{1\,cm^2} = 10^6\,\frac{N}{m^2}$ 10 bar

$p = \frac{F}{A} = \frac{100\,N}{10\,cm^2} = 10\,\frac{N}{cm^2} = 10^5\,\frac{N}{m^2}$ 1 bar

Bei gleich großer Kraft *F* gilt:

kleine Fläche ⇓ großer Druck

große Fläche ⇓ kleiner Druck

p Druck
F Kraft
A Fläche

$$p = \frac{F}{A}$$

1 Pa	$= 1\,\frac{N}{m^2} = \frac{1}{100\,000}$ bar
1 bar	$= 10\,\frac{N}{cm^2} = 1\,\frac{daN}{cm^2}$ $= 100\,000$ Pa
1 mbar	= 100 Pa = 1 hPa (Hektopascal)

Schweredruck

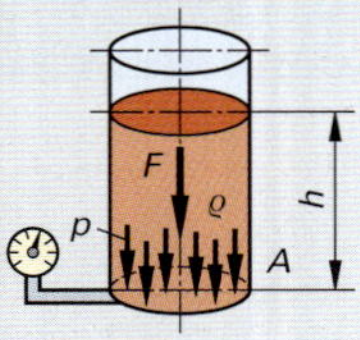

$p = \frac{F}{A}$

$F = m \cdot g$

$F = \varrho \cdot A \cdot h \cdot g$

$p = \frac{\varrho \cdot A \cdot h \cdot g}{A}$

p Schweredruck
ϱ Dichte der Flüssigkeit
g Fallbeschleunigung
h Flüssigkeitstiefe

$$p = \varrho \cdot h \cdot g$$

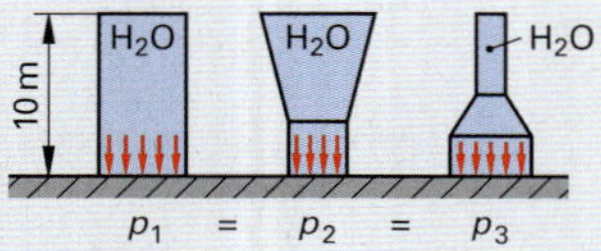

Der Schweredruck ist nur abhängig von der Höhe *h* der Flüssigkeitssäule und der Dichte *ϱ* der Flüssigkeit.

Luftdruck, absoluter Druck, Überdruck

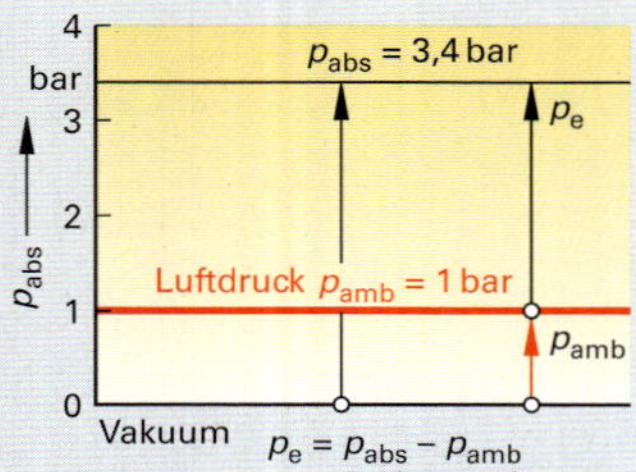

$p_e = p_{abs} - p_{amb}$
$= 3{,}4\,bar - 1\,bar$
$= 2{,}4\,bar$ Überdruck

p_e Überdruck
p_{abs} absoluter Druck
p_{amb} Luftdruck ≈ 1 bar

$$p_e = p_{abs} - p_{amb}$$

Druck, Druckeinheiten

Druck und Druckausbreitung von Gasen

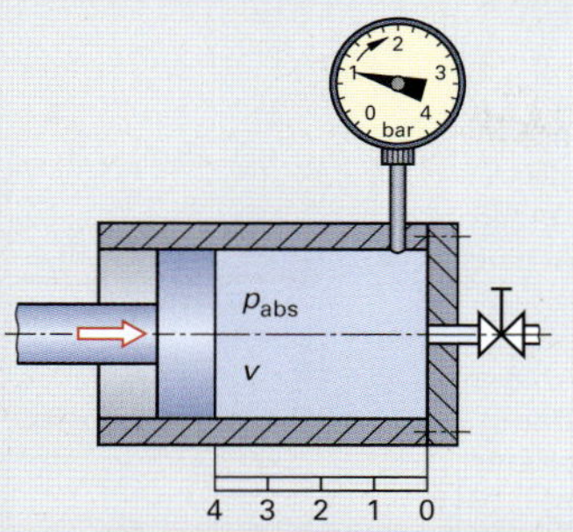

p_{abs}	absoluter Druck
p_{abs1}	absoluter Druck beim Volumen V_1
p_{abs2}	absoluter Druck beim Volumen V_2
V, V_1, V_2,	Volumen

$$p_{abs} \cdot V = \text{konstant}$$

$$p_{abs1} \cdot V_1 = p_{abs2} \cdot V_2$$

Kolbenkräfte

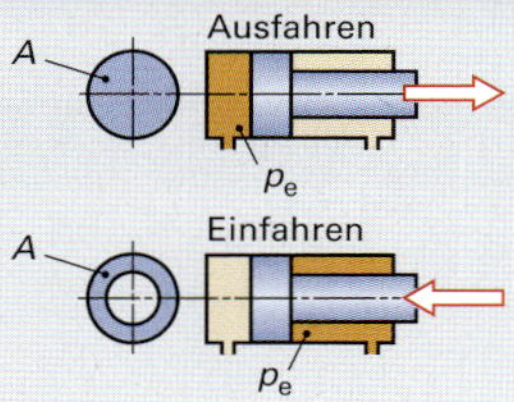

p_e	Überdruck
A	wirksame Kolbenfläche
F	wirksame Kolbenkraft
η	Wirkungsgrad des Zylinders

$$F = p_e \cdot A \cdot \eta$$

Bestimmung mithilfe eines Diagramms
Das eingezeichnete Beispiel zeigt, dass bei einem Zylinder, $d = 35$ mm, bei einem Druck $p = 6$ bar eine Kraft $F = 490$ N übertragen werden kann.

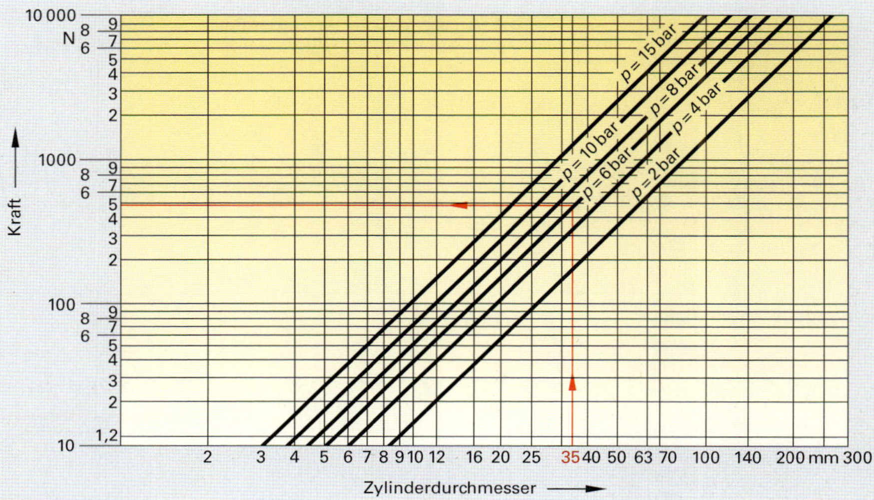

In diesem Diagramm ist ein Wirkungsgrad $\eta = 0{,}85$ berücksichtigt.

Kolbenkräfte

Kraftübersetzung

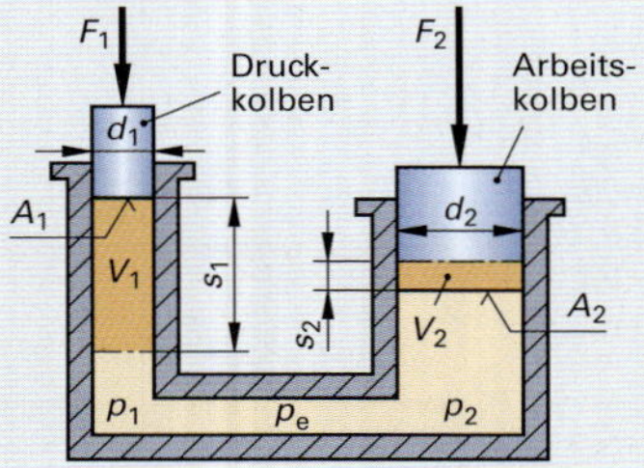

$$V_1 = V_2$$

$$p_1 = p_e = p_2$$

$$\frac{F_1}{A_1} = p_e = \frac{F_2}{A_2}$$

- F_1 Kraft am Druckkolben
- F_2 Kraft am Arbeitskolben
- d_1 Durchmesser am Druckkolben
- d_2 Durchmesser am Arbeitskolben
- A_1 Fläche am Druckkolben
- A_2 Fläche am Arbeitskolben
- s_1 Weg des Druckkolbens
- s_2 Weg des Arbeitskolbens
- V_1 verdrängtes Volumen bei s_1
- V_2 verdrängtes Volumen bei s_2
- p_e Überdruck

$$\frac{F_1}{F_2} = \frac{A_1}{A_2}$$

$$\frac{F_1}{F_2} = \frac{d_1^2}{d_2^2}$$

$$\frac{s_1}{s_2} = \frac{A_2}{A_1}$$

Kolben- und Strömungsgeschwindigkeit

Kolbengeschwindigkeit

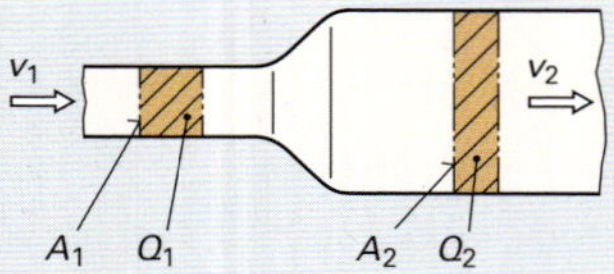

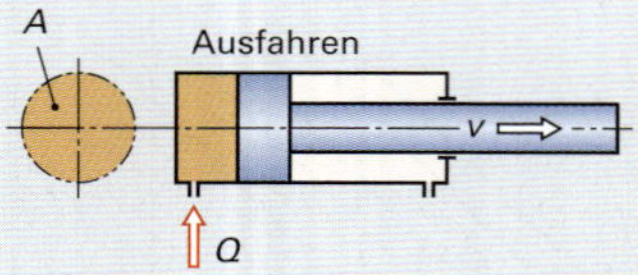

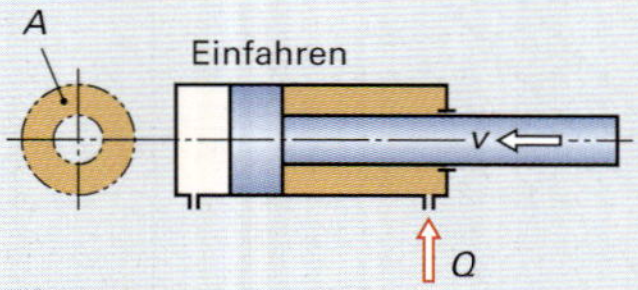

- Q, Q_1, Q_2 Volumenstrom
- A, A_1, A_2 wirksame Kolbenfläche
- v, v_1, v_2 Kolbengeschwindigkeit

$$v = \frac{Q}{A}$$

$$Q = v \cdot A$$

$$A = \frac{Q}{v}$$

Strömungsgeschwindigkeit

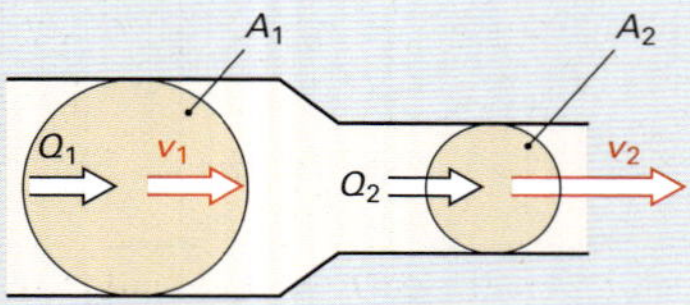

- Q, Q_1, Q_2 Volumenstrom
- A, A_1, A_2 Rohrleitungsquerschnitt
- v, v_1, v_2 Strömungsgeschwindigkeit

$$v = \frac{Q}{A}$$

$$\frac{v_1}{v_2} = \frac{A_2}{A_1}$$

Luftverbrauch pneumatischer Zylinder

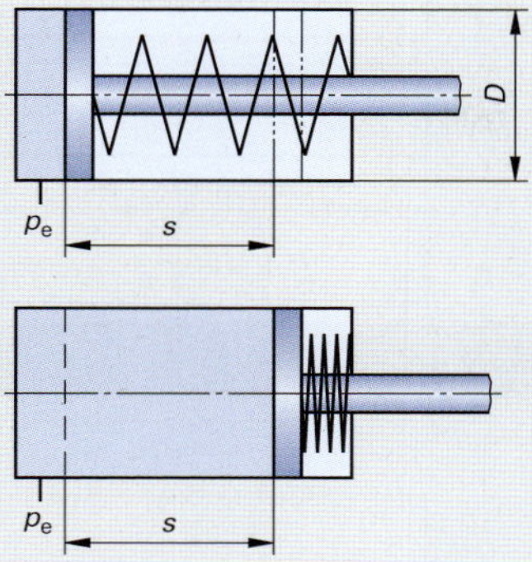

Q Luftverbrauch für einfachwirkende Zylinder
q spezifischer Luftverbrauch je 1 cm Kolbenhub
s Kolbenhub
n Hubzahl
p_e Überdruck
D Kolbendurchmesser

$$Q = q \cdot s \cdot n$$

Spezifischer Luftverbrauch *q* in *l*/cm Kolbenhub

D in mm	Druckbeaufschlagung	Betriebsdruck p_e in bar					
		3	4	5	6	7	8
20	kolbenseitig	0,013	0,016	0,019	0,022	0,025	0,029
	stangenseitig	0,011	0,014	0,016	0,019	0,021	0,024
25	kolbenseitig	0,021	0,025	0,029	0,035	0,039	0,044
	stangenseitig	0,017	0,021	0,025	0,029	0,033	0,038
32	kolbenseitig	0,032	0,040	0,048	0,056	0,064	0,072
	stangenseitig	0,028	0,035	0,042	0,049	0,056	0,062
40	kolbenseitig	0,050	0,063	0,075	0,088	0,100	0,113
	stangenseitig	0,043	0,053	0,064	0,074	0,085	0,091
50	kolbenseitig	0,078	0,098	0,118	0,137	0,157	0,177
	stangenseitig	0,066	0,083	0,100	0,116	0,132	0,149
63	kolbenseitig	0,125	0,156	0,187	0,218	0,250	0,281
	stangenseitig	0,113	0,141	0,160	0,197	0,225	0,253
80	kolbenseitig	0,201	0,253	0,302	0,352	0,403	0,453
	stangenseitig	0,182	0,227	0,272	0,318	0,364	0,408
100	kolbenseitig	0,315	0,393	0,471	0,550	0,628	0,707
	stangenseitig	0,294	0,366	0,440	0,516	0,585	0,658

Bei einfachwirkenden Zylindern ist der spezifische Luftverbrauch *q* aus der Zeile „kolbenseitig" zu entnehmen.

Ohmsches Gesetz

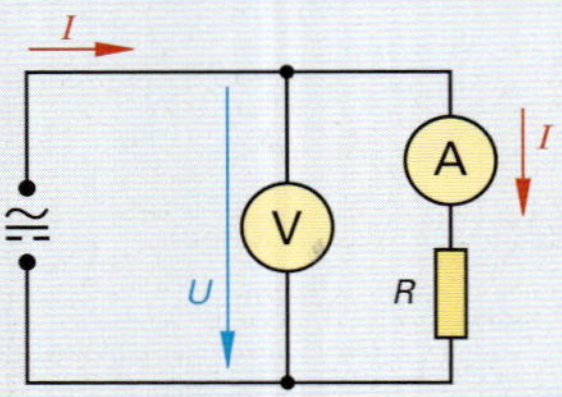

U	Spannung
I	Stromstärke
R	Widerstand

$$I = \frac{U}{R}$$

$$1\,\text{A} = \frac{1\,\text{V}}{1\,\Omega}$$

$$1\,\text{V} = 1\,\Omega \cdot 1\,\text{A}$$

$$1\,\Omega = \frac{1\,\text{V}}{1\,\text{A}}$$

Leiterwiderstand

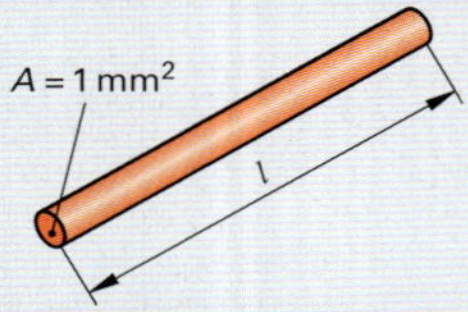

R	Widerstand
A	Leiterquerschnitt
l	Leiterlänge
ϱ	spezifischer elektrischer Widerstand

$$R = \frac{\varrho \cdot l}{A}$$

Reihenschaltung von Widerständen

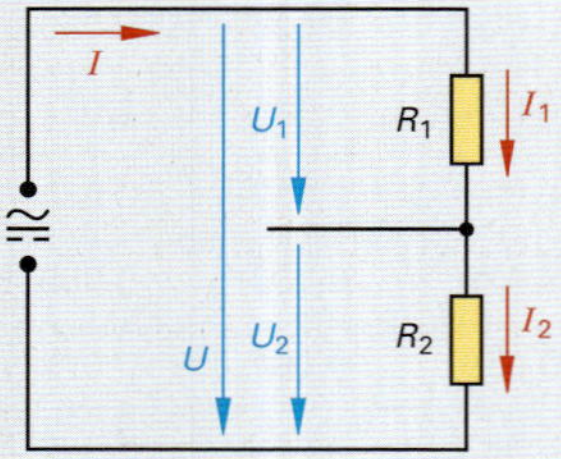

R	Gesamtwiderstand
R_1, R_2	Einzelwiderstände
I	Gesamtstrom
I_1, I_2	Teilströme
U	Gesamtspannung
U_1, U_2	Teilspannungen

$$I = I_1 = I_2 = \ldots = I_n$$

$$I = \frac{U}{R} = \frac{U_1}{R_1} = \frac{U_2}{R_2} = \ldots = \frac{U_n}{R_n}$$

$$U = U_1 + U_2 + \ldots + U_n$$

$$R = R_1 + R_2 + \ldots + R_n$$

Parallelschaltung von Widerständen

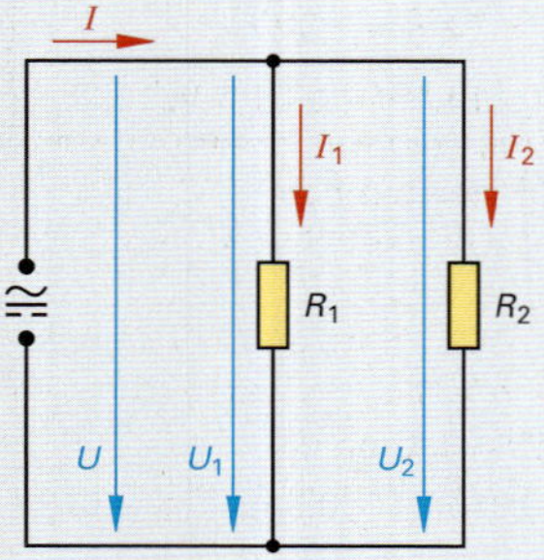

R	Gesamtwiderstand
R_1, R_2	Teilwiderstände
I	Gesamtstrom
I_1, I_2	Teilströme
U	Gesamtspannung
U_1, U_2	Teilspannungen

$$U = U_1 = U_2 = \ldots = U_n$$

$$\frac{I}{I_1} = \frac{R_1}{R} = \frac{I_1}{I_2} = \frac{R_2}{R_1} = \ldots$$

$$I = I_1 + I_2 + \ldots + I_n$$

$$\frac{1}{R} = \frac{1}{R_1} + \frac{1}{R_2} + \ldots + \frac{1}{R_n}$$

$$R = \frac{R_1 \cdot R_2}{R_1 + R_2}$$

Elektrische Arbeit

W elektrische Arbeit
P elektrische Leistung
t Zeit (Einschaltdauer)

$$W = P \cdot t$$

1 W · s = 1 J = 1 N · m
1 kW · h = 3600 kJ
1 kW · h = 3,6 · 10^6 J

Elektrische Leistung

Gleich- oder Wechselstrom

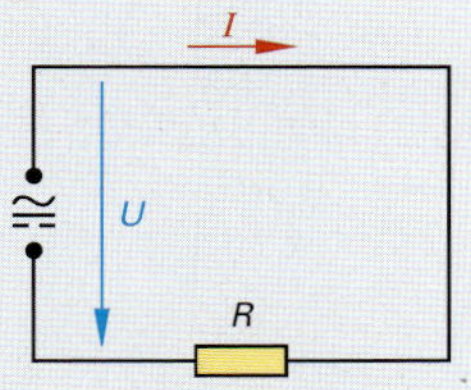

P elektrische Leistung
U Spannung
I Stromstärke
R Widerstand
cos *φ* Leistungsfaktor

Elektrische Leistung bei Gleichstrom und Wechselstrom mit ohmscher Belastung:

$$P = U \cdot I$$

$$P = I^2 \cdot 3\,R$$

$$P = \frac{U^2}{R}$$

1 W = 1 V · 1 A
$1\ \text{W} = 1\ \frac{\text{N} \cdot \text{m}}{\text{s}} = 1\ \frac{\text{J}}{\text{s}}$

Wechselstrom

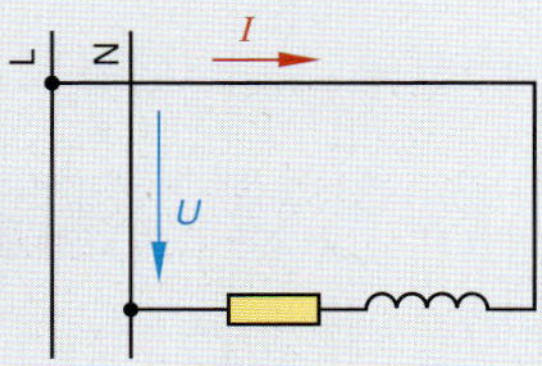

Elektrische Leistung bei Wechselstrom:

$$P = U \cdot I \cdot \cos \varphi$$

1 kW = 1000 W
1 MW = 1 · 10^6 W

Drehstrom (Dreiphasen-Wechselstrom)

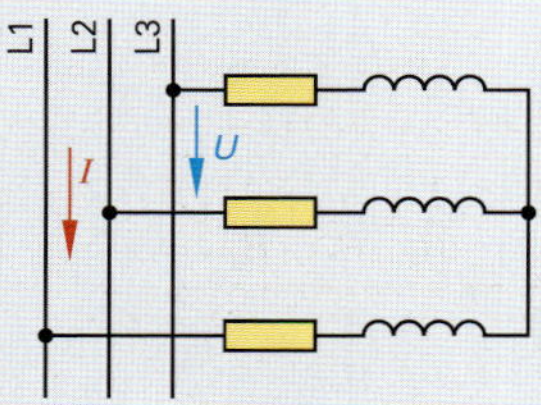

Wirkleistung bei induktionsfreiem Strang:

$$P = \sqrt{3} \cdot U \cdot I$$

Wirkleistung bei induktivem Lastanteil:

$$P = \sqrt{3} \cdot U \cdot I \cdot \cos \varphi$$

Logische Grundfunktionen

e, e_1, e_2 Eingangssignale A, A_1, A_2 Ausgangssignale

Funktion	Bildzeichen DIN 40900	Arbeitstabelle Gleichung	Realisierung DIN 40713	Realisierung DIN/ISO 1219
JA	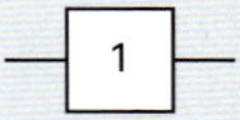	e | A 0 | 0 1 | 1 $e = A$	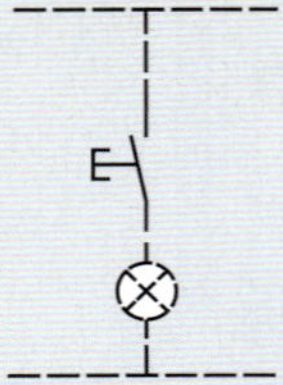	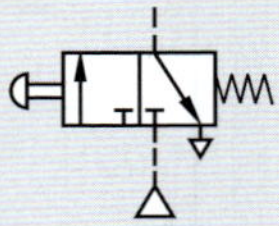
NEIN NICHT		e | A 0 | 1 1 | 0 $e = \bar{A}$	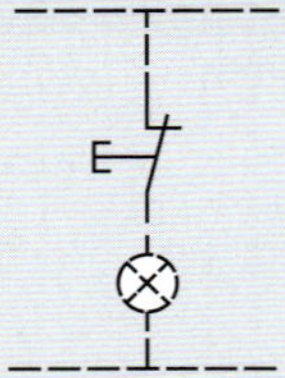	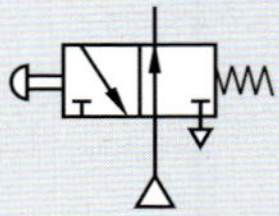
UND		e_1 e_2 | A 0 0 | 0 1 0 | 0 0 1 | 0 1 1 | 1 $e_1 \cdot e_2 = A$	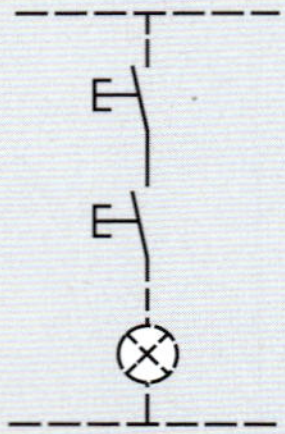	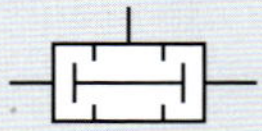
ODER	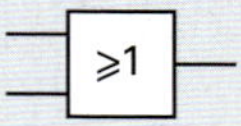	e_1 e_2 | A 0 0 | 0 1 0 | 1 0 1 | 1 1 1 | 1 $e_1 + e_2 = A$	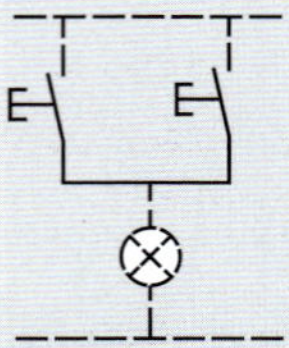	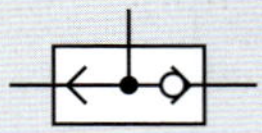
WECHSLER	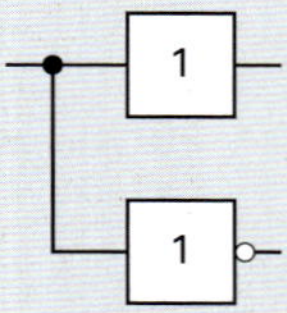	e_1 | A_1 | A_2 0 | 0 | 1 1 | 1 | 0	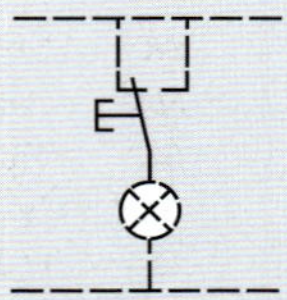	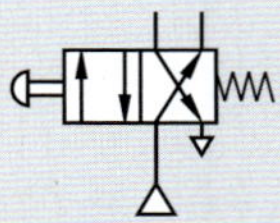

Berechnung der Einzelkosten

Die Kostenrechnung wird in drei Hauptbereiche eingeteilt. In dem jeweiligen Bereich wird errechnet, wodurch Kosten verursacht werden (**A**), wo Kosten auftreten bzw. wofür Kosten entstanden sind (**B**) und wie die Kosten getragen werden (**C**).

Hauptbereiche der Kostenrechnung		
A Kostenartenrechnung	**B** Kostenstellenrechnung	**C** Kostenträgerrechnung
• Material • Personal • Fremdleistungen ⋮	• Fertigung • Lager • Konstruktion • Verwaltung ⋮	• Produkt • Stück • Dienstleistung ⋮

MEK	Materialeinzelkosten
m_M	verbrauchtes Material
K_M	Materialpreis
n_h	Anzahl der Stunden
FLK	Fertigungslohnkosten
K_L	Stundenlohn

$$MEK = m_M \cdot K_M$$

$$FLK = n_h \cdot K_L$$

Berechnung der Gemeinkostenzuschlagssätze

Die Kostenstellenrechnung liefert Zuschlagssätze, die für die Kalkulation die entsprechenden Zuschläge ergeben. Zur Berechnung der Zuschlagssätze werden die jeweiligen Summen einem Betriebsabrechnungsbogen für einen Abrechnungszeitraum entnommen.

FGK	Fertigungsgemeinkosten
MGK	Materialgemeinkosten
$VwGK$	Verwaltungsgemeinkosten
$VtGK$	Vertriebsgemeinkosten
FLK	Fertigungslohnkosten
HK	Herstellkosten
$FGKZ$	Fertigungsgemeinkostenzuschlag
$MGKZ$	Materialgemeinkostenzuschlag
$VwGKZ$	Verwaltungsgemeinkostenzuschlag
$VtGKZ$	Vertriebsgemeinkostenzuschlag
MEK	Materialeinzelkosten (Lagerbestand)

$$FGKZ = \frac{\Sigma FGK \cdot 100\,\%}{\Sigma FLK}$$

$$MGKZ = \frac{\Sigma MGK \cdot 100\,\%}{MEK}$$

$$VwGKZ = \frac{\Sigma VwGK \cdot 100\,\%}{\Sigma HK}$$

$$VtGKZ = \frac{\Sigma VtGK \cdot 100\,\%}{\Sigma HK}$$

Berechnung der Herstell- und Selbstkosten

Einfache Zuschlagskalkulation

Bei der einfachen Zuschlagskalkulation (im Handwerk gebräuchlich) werden alle Gemeinkosten mit einem einzigen Zuschlagssatz einer Bezugsgröße zugerechnet. Bei lohnintensiven Betrieben erfolgt der Zuschlag auf die Fertigungslöhne, bei materialintensiver Produktion auf das Fertigungsmaterial.

MEK	Materialeinzelkosten
HK	Herstellkosten
SK	Selbstkosten
FLK	Fertigungslohnkosten
GK	Gemeinkostensatz
GKZ	Gemeinkostenzuschlag
MK	Materialkosten
FK	Fertigungskosten

$$GK = FLK \cdot GKZ$$

$$GK = MK \cdot GKZ$$

$$HK = MEK + FLK + GK$$

Berechnung der Herstell- und Selbstkosten

Differenzierende Zuschlagskalkulation

Bei der differenzierenden Zuschlagskalkulation werden die Gemeinkosten aufgeteilt. Eine weitere Verfeinerung ist möglich, indem die Fertigungslöhne in einzelne Kostenstellen gegliedert werden. Jede dieser Kostenstellen wird einzeln bezuschlagt. Die Gemeinkostenzuschlagssätze werden aus dem Betriebsabrechnungsbogen ermittelt.

MEK	Materialeinzelkosten
HK	Herstellkosten
SK	Selbstkosten
FGK	Fertigungsgemeinkosten
SEF	Sonderkosten der Fertigung
FLK	Fertigungslohnkosten
GK	Gemeinkostensatz
GKZ	Gemeinkostenzuschlag
VwGK	Verwaltungsgemeinkosten
VtGK	Vertriebsgemeinkosten
MK	Materialkosten
FK	Fertigungskosten
MGK	Materialgemeinkosten
VVGK	Vertriebs- und Verwaltungsgemeinkosten

Schema des Lösungsweges

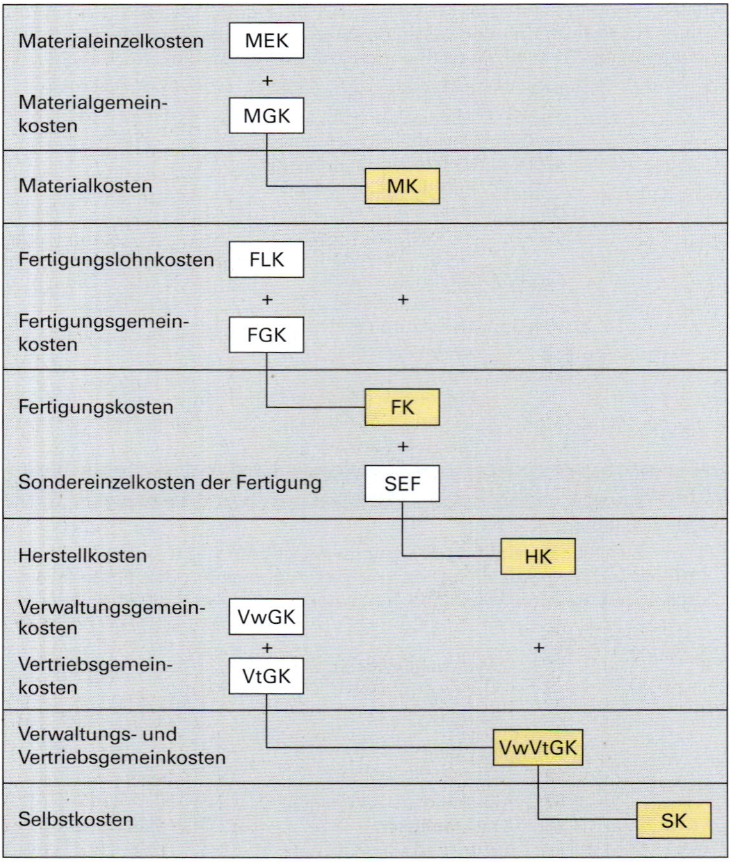

Sachwortverzeichnis

A

B

C

D

E

F

G

H

K

L

M